明石ライブラリー 149

ウィニコットがひらく豊かな心理臨床

「ほどよい関係性」に基づく実践体験論

川上範夫［著］

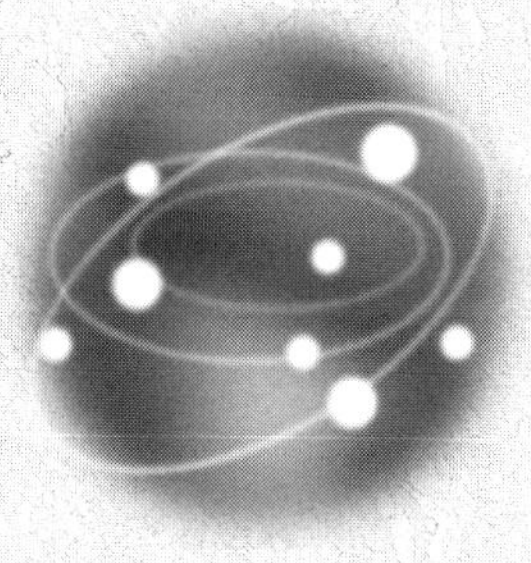

明石書店

刊行によせて

大阪市立大学名誉教授　倉戸　ヨシヤ

この著作は、川上範夫先生が四〇年にわたって取り組んできた、いわばウィニコット論である。それはまるでウィニコットの心が著者の川上先生にのり移ったのか、したがって川上先生が虜にされてしまったのか、とにかく読む者に半端ではないスピリチュアルな感動を喚び起こさずにはいられない内容になっている。

全部で6章からなっているが、各章のそこかしこを貫いているものはウィニコットの「ほどよい関係性」である。しかし、それは単なる解説書や紹介本のそれではなく、心理臨床実践家としての川上先生の息吹や心意気の軌跡が先生の心理臨床例とともに刻まれている。

ウィニコットと先生の出会いが「はじめに」のところに書かれてある。学会会場の図書コーナーでウィニコットの著作に触れ、イリュージョン、トランジショナル、ディスイリュージョン、ファーストポゼッション、リンボなどの概念とともにウィニコットの臨床センスに衝撃を受けて、自分の実践も生き生きと進められるのではないかと直感した、とある。ロジャース、フロイト、クラインと学び進んでいたところでの邂逅で、それ以来四〇年、一途に、「関係性の体験」論を軸に川上先生が理解し実践してきた歩みが開陳されている。

ウィニコット自身は川上先生がその著作に触れるわずか前、一九七一年にこの世を去っていたのであるが、もし、若き日の川上先生がウィニコットに直接会うことができたならばどのようなコミュニケーションを交わしたであろうか、想像するだけでもワクワクする。

川上先生はこうしてウィニコットに傾倒していったのであるが、その傾倒していく心模様をよく示しているところが本書、第2章「臨床家ウィニコットの人となり」にあるので取り出してみたい。

先生はウィニコットの著作を読み込んでいくにつれて「救済」に近いような思いを感じたとある。それは、彼の著書に「表わされた温かさによってではなく、その温かさがにじみでてくるまでに辿ったにちがいない〝ほんもの〟の人生に触れたような気がしたから」である。そして、「本気でのたうちまわっている人間にとっては、彼の著書は人格的なぶつかり合いとふれあいを体験する臨床実践の『現場』にほかならない」と言い切っている。ここに、「ほんもの」を追い求めてやまなかったウィニコットと苦悶にぶつかり続けてきた川上先生とが重なり合って私に迫ってきて、目頭が潤むのを感じ、しばし読み進めていくことを中断せざるを得なかった。

ウィニコットのそして川上先生の最終的に行きつく世界観はボラスからの引用にある「原初からすべて対象は関係対象である」というところに尽きるように感じられる。ボラス自身がどのような人生を歩んだものか知り得ていないが、とにかく川上先生のこうした世界観の境地は、人生のなかで遭遇してきた悲嘆の経験や偶然の経験のなかに意味を感じ取ったり厳しく意識をしたりしないかぎり、またあるいは、ユングのいう共時性の体験を深く実感したりすることなくしては行きつくはずのない境涯である。

私の大胆なイマジネーションを開陳するならば、「関係対象から始まって意味ある関係性が豊かに広がっていく」とする考えは、地球の成員はあまねくみな約束のきずなのもとにつながり合っているとする究極のエコロジカルな見方に流れこんでいくのではないかと思わされる。

心理臨床へのひたむきな取り組みの記録でありながら、しばし想いは広く、深く、揺蕩《たゆた》うのを覚えさせられる。

今一度、重ねて言うなら、ウィニコットの「ほどよい関係性のこころ」をご自分のなかに宿し育みながら、心理臨床実践に本気で取り組んできた川上先生の生涯をかけての見事な、しかしその背後には、ウィニコット同様に「ほんまもの」を追求してやまなかった魂の凄まじい闘いがうかがえる記録である。いわば、一人の心理臨床家のナマの人生そのものである。

もちろん同時に、ウィニコットの魅力をいかんなく伝えている書としても価値のある一冊である。ご自分で本著に目を通し、かつ珠玉のフレーズに直に触れていただくことをお勧めしたい。

心理臨床の力量を高めたいと必死に求めてやまない人へ、また、広く人間関係の難しさに悩んでいる人へ、そして人生に歩き疲れた人へも、一読なさることを心よりお薦めできる著作である。

まえがき

まずふれておきたいのは、ウィニコットという人はその著作を理論的系譜として学ぶ対象とするのには難しい存在である。しかし、臨床実践家としてのウィニコットの人となりに思いをはせながら彼が発するアイディアやメッセージに耳を傾けていくと、「ほどよい関係性」を体験できることになる。一九七一年に亡くなってからすでに久しいが、私自身、彼の著作に出会ってから今まで不思議なことに、そしてありがたいことに、心の関係性は時間とともに深まっているように感じている。そのような思いを心に抱きながら、私の臨床家としての軌跡を刻むつもりで著を進めていきたい。

私がウィニコットの著作に出会ったのは一九七二年秋、学会会場の図書コーナーであった。その著作が *Collected Papers: Through Paediatrics to Psychoanalysis* であった。手に取って目次をめくって所収論文“Transitional Objects and Transitional Phenomena”を目にして強い衝撃を受け、立ったまま一気に読みきってしまった。

もちろん一読してウィニコットの意がすべて読みとれたわけではないが、この論文の中に示された

transitionalという語はもちろん、illusion, disillusion, first possession, limboなどの言葉が当時の自分の臨床実践の行きづまりに有効なヒントを与えてくれるという感じがして、ドキドキしながら他の所収論文を含めて読み進めた。

続いて一九七一年刊の*Playing and Reality*（Tavistock Publications, 1971）を見て、ウィニコットがこの刊行年、一九七一年にすでに亡くなった人であることを知ったと同時に、この著作*Playing and Reality*の中で、先の“Transitional Objects and Transitional Phenomena”が改めて巻頭に位置づけられて収められているのを見て、心響くものを感じたものであった。transitionalという着眼がPlayingという関係体験の感覚を示すのにつなげられて、ウィニコット流の臨床センスの主張へと展開されているのを知ったのである。

思い起こしてみると、当時の私は心理学としての精神療法、カウンセリングを学び始めてわずかではあったけれど、いわゆる「治療的人間関係」と「専門的関与の方法」が相互にどのようにからみ合って現実化するのかということについて道を探しあぐねていた。ロジャーズの非指示的関与の方法、フロイトの科学的関与の方法、クラインの厳しい関与の方法など、それぞれ意義を感じながら学んできていたが、ウィニコットの著作を通して彼の臨床感覚にふれた時、クライエントとの人間的関わり合いの要点と、クライエントに対する人格理解や人格変化についての視点が相互に有機的に補い合う性質をもっているように感じて、ウィニコットの臨床センスならば自分の実践も生き生きと進められるのではないかと思ったのであった。

ウィニコットの著作という点ではほかに *The Maturational Processes and the Facilitating Environment* (1965) がある。この論集が牛島定信先生の訳によって『情緒発達の精神分析理論』(一九七七年) として紹介され、*Playing and Reality* (1971) が橋本雅雄先生の訳出によって『遊ぶことと現実』(一九七九年) として紹介され、順序は逆になったが *Collected Papers* (1958) が北山修先生の監訳によって二冊の訳書『小児医学から児童分析へ』(一九八九年) と『児童分析から精神分析へ』(一九九〇年) になって世に出された。

今ではよく知られてきたが、ウィニコットは世界中の臨床実践に影響を与え続けてきていて、特筆すべきは、ユング派の理論家たちにもその実践感覚の点で大きな影響力を発揮してきている (R・ゴードン『死と創造』など)。

ウィニコット自身の実践を最も生々しく伝えてくれているものは、M・リトルが提示した臨床記録『精神病水準の不安と庇護』(神田橋條治訳、一九九二年) が出色である。

本文第2章でもふれることであるが、ウィニコットの臨床的人間心理学には、いわゆる医学モデルに代表される因果論的構築的視点を離れてしまうところがある。この点、心理学領域から精神療法を学び始めた私としては大きな抵抗を感じなかったのであるが、精神分析の系譜自体は医療の領域での思考、実践を軸にしてきたため、ウィニコットの奔放で幅広い見識がそのまま受け止められてきたとはいいがたい部分があった。

一言でいえば、「関係性の体験」論を理解の軸にして「関係性のセンス」を手がかりに実践を進めていくのがウィニコットの真骨頂と受け止められるのであるが、ノウハウやハウツーといった点から見ると根拠不確実としか映らないところがある。ある意味ではつかみどころのないこうしたウィニコットの臨床実践感覚を私なりに理解し実践に移してきた歴史を明記してみようというのが本書の目的である。文献的には、この前書きにあげたものがウィニコットの思考の中軸を成しており、その意味では、本文中での文献もこれらのものが中心になっている。なお、ウィニコットの著作、そして訳出されてきた関係の論著も今日では数を増している。すべてをあげることはできないが、参考にさせていただいたものについては敬意をこめて巻末にあげさせていただいた。

まずはここに、長い間、カウンセラーとしての私、臨床家としての私をグッドイナフ（ほどよく）な対象として「意味ある関係性」を取り結んできて下さったクライエントの方々に感謝を表して、本文に移ることにしたい。

本書の狙いからすれば当然のことであるが、私なりの臨床経験を適宜紹介することによって理解を深めていただけたらと願っている。しかし、お断りしておきたいのは、それらの記載はいずれもプライバシーに細心の注意を払って大幅な修整を加えてあるという点である。それでもウィニコットにならって、実践経験のもつライブな感覚を十分お伝えすることができれば幸甚と考えている。

ウィニコットがひらく豊かな心理臨床　＊　目次

刊行によせて　3
まえがき　7

第1章　私とカウンセリング……17

1　「なおる」ことと「生きる」こと　19
2　「遊び」を「あそべない」子どもたち　25
3　母親の子どもに対する「ほどよい（good enough）」関わり　30
4　ほどよく葬り去られた世界と「意味」の世界　35
5　家庭内暴力をやめさせる「非常識」な方法　40
6　ひたすら会い続けることの大切さ　47

第2章　臨床家ウィニコットの人となり……55

1　私が思い描いたウィニコット像　57
2　温かさの裏側にある妥協のない厳格さ　62
3　ウィニコットの実践的臨床感覚　67
4　移行対象・移行現象論（Transitional Objects and Transitional Phenomena）　71
5　illusionとウィニコットの人間関係　77

6 「一人でいられる能力」と意味ある関係性 81
7 ほどよい関係性とほどよい holding 86
8 handling, object presentingと「ほどよい関係性」 91
9 私はなぜウィニコットの実践論に関心を抱いたのか 97
10 遊び（play）とあそぶこと（playing） 103
11 「あそぶこと（playing）」と創造的に生きられるようになること 107
12 「あそぶこと（playing）」と第三の体験世界 111
13 「関係性の体験」を心的経験の基軸と考えるウィニコットの心の見方 114

第3章 「関係性」からみた発達障がい……121

1 関係性の観点からみた発達障がいの問題 123
2 発達障がいといわれる子どもとの関わり経験——教室の中のやりとり❶ 127
3 健康なぶつかり合い——教室の中のやりとり❷ 132
4 関係性の体験力不足——教室の中のやりとり❸ 137
5 診断ということが養育者に与える影響 142
6 「ナマ」で「ライブ」に関わることの重要性 147
7 意味ある関係体験 152

第4章　関係体験からみた心理臨床実践論…………159

1　illusionと対象関係　161

2　関係体験論による基本姿勢❶
――ウィニコットの「原初的な母親の没頭」「ホールディング」から教えられること　166

3　関係体験論による基本姿勢❷
――ウィニコットの「抱っこ」と「ハンドリング」から教えられること　170

4　「絶対的依存」という関係性をめぐって❶　175

5　「絶対的依存」という関係性をめぐって❷　180

6　はじめて自分でないものを所有する体験
――「ポゼッション（所有）」ということでウィニコットが伝えたかったこと　185

7　関係の中の自分感覚体験　190

8　世界に向かって自分で歩み出すこと――臨床実践のゆくえ　195

第5章　関係性の心と臨床実践の知恵…………203

1　「関係対象」の考え方と「気配を察することのできる能力」　205

2　「関係体験」「関係対象経験」の実際を考える　210

3　「関係体験」の始まりを「対象所有」の観点から考える　215

4　「いないいないバアあそび」と「環境としての母」「環境としての対象」という考え方　220

5 「バイバイ」を「あそび」として体験できるようになるための関係性 225
6 「ヨチヨチ歩き」がちゃんと体験できるための関係性 230
7 幼児の「情け容赦のない依存的支配」の意味 235
8 幼児の攻撃的依存の心をほどよく受け止めること 240
9 関係性の心と感動体験について 245

第6章 現代家族と現代社会の「関係性」問題……253

1 家族同士の問題なのに…… 255
2 男女関係の変容——元カノ、元カレ 260
3 家庭、家族の中のバイオレンス 267
4 家庭における自然性の喪失——子どもが生まれるということをめぐって 272
5 高齢者、老齢者を抱える家族の課題 277
6 家族システムの変化から考える現代家族 282
7 離婚・再婚に伴う家族間のトラブル 288
8 関係性から家族と社会の問題について考える 292

参考文献 299
あとがき 304

第1章　私とカウンセリング

第2章でも述べることであるが、私自身、一九七〇年ころからカウンセリングを学び、実践してきた。カウンセリングを学ぶきっかけを与えて下さったのは、当時、京都大学教育学部教授を務めておられた倉石精一先生であったが、ご多分にもれず、その当時のわが国の心理学領域でのカウンセリングといえば来談者中心療法が主流であった。私も来談者中心の応答、すなわち受容、共感、傾聴の姿勢からの対応について習練したものであった。が、やがていろいろなクライエントに会うようになると、技法的工夫も必要となり、精神分析ほかの臨床理論を取り入れなければならなくなった。倉石先生の後を継がれた河合隼雄先生から、カウンセリングスピリットを深めることを教えていただいた。フロイトからエリクソンへの系譜を鑪幹八郎先生に導いていただいた。クラインからビオンへと続く対象関係論の展開を前田重治先生にご示唆いただいた。そして、無意識へのアプローチを必要とするクライエント、日常生活上のアドバイスで対応可能なクライエント、いずれにも幅広く対応可能な実践アイディアを求めてウィニコットの考え方に出会うことになった。彼の臨床論の中に「意味ある関係性の体験」を中核にすえる着眼を感じとり、ここから私自身、自分の臨床経験をすべて「関係性の体験」という観点から吟味しつつ深めていくことになった。

第1章では、こうしたカウンセリングに取り組む際の基本姿勢が具体的にどのような関わりにつながっていったのかということを実際例を示しつつ紹介してみたい。

1 「なおる」ことと「生きる」こと

何とかそこそこうまく生きられるように…

私はカウンセラーをしているが、クライエントを「なおそう」とは思っていない。このように言うと、あるいは誤解を受けるかもしれないが、実際、クライエントの方々にお会いして、その通りにお伝えすることも少なくない。その代わり、次のように言うことにしている。「何とかそこそこうまく生きられるようになってほしいと思っています」。

先日も、長い間定期的にカウンセリングを続けてきたクライエントの方とこんなやりとりをした。

「先生、私も、それなりにがんばってきたつもりですけど、まあ、こんなものなんでしょうかねえ」

「そうですねえ、やっぱり、まあ、そんなもんじゃないでしょうか」

「あんまり、なおしてもらったという感じがしないんですけど……」

「そうですか、そりゃ、すみませんねえ」

「でも、まあ、そこそこ、こんなもんでやっていけそうな感じがしてますし……」

「そう言ってもらえるとうれしいですねえ。あなたから……」

「しかし、私の人生、これからも、やっぱり、楽ということにはならないでしょうねえ……」

「はあ、そう思いますねえ、やっぱり……」

「まあ、結局、おしなべて、そこそこ、だいじょうぶというところでしょうか」

……と、お互いに顔を見合わせて、少し表情がほころぶような……。

「治療」としてのカウンセリングという観点からみれば、何とも頼りないやりとりということになるかもしれない。本来、「治療」というからには、「病気」の原因を探り出し、その原因に対してしかるべき処置を施す、ということでなければならないのだろう。

たちの悪い「ムシ」が知らぬ間に変身を遂げていき…

では、ここで、「心の病」の起こり方について少し振り返ってみよう。

われわれは、だれでも、心の中に「ムシ」を抱えている。この「ムシ」は、おとなしくしてくれている間は無視していればよいのだが、いったん機嫌を損ねて暴れ出すと、なかなかやっかいである。いざ眠ろうとしても、「ムシ」が騒ぐとなかなか寝つかれない。「ムシ」が好かない相手とは、なかなかうまく付き合うことができない。「ムシ」の居どころが悪いと、ついつい怒りっぽくなってしまう。悪い「ムシ」の知らせがあると、そうそう落ち着いておれなくなる。それどころか、「ムシ」があまりに大きくなりすぎて、心の中に収まりきらなくなると、勝手に表へ出て歩き回るようになる。意思の力では抑えのきかない思いや行動が一人歩きしてしまうのである。こうなると立派な精神症状の発生である。もっとひどい場合には、たちの悪い「ムシ」が知らぬ間に変身を遂げていき、最終的には、「キツネ」にまで姿を変えてしまうことすらあるだろう。重症の精神疾患は、たいていこうしたからくりから生じているといってまちがいないのである。

だからこそ、やっかいな「ムシ」がいるとわかったら、ちゃんとその正体を見極めて、その上でしっかり「退治」しておかなければならないということになるのだろう。心の「治療」という考え方は、こうした立場に立ったものなのである。

しかし、精神分析の基本的な考え方によるならば、われわれの心の中の「ムシ」は、実は、われわれ自身がわれわれ自身の人生の中で育んできたものにほかならないのである。何らかの理由で記憶の領野にとどめておいては都合の悪い事情を、無理矢理、忘却の彼方へ追いやったところに、「ムシ」の始まりがあるのである。だから、「ムシ」というのは、はじめは、まちがいなく「自分」そのものであったはずなのである。われわれは、たいてい、自分自身の「性格」というものについて、案外よくわかっていないところをもっているものだが、このつかみどころのない隠された「自分」というものが、ちょうど、「ムシ」の存在と重なり合うのである。

そういった意味では「ムシ」の「退治」ということになると、へたをすると、自分自身の一部を破壊してしまうということにもなりかねないわけであり、少なからず危険な試みということになる。とはいえ、「退治」するとまではいわないまでも、少なくとも「治療」という観点に立つならば、勝手に暴れ回ろうとする「ムシ」を「こらしめる」くらいのことはしなければならないということになるだろう。

その点からすると、はじめに紹介したクライエントと私のやりとりの中には、「ムシ」の「退治」はもちろん、「こらしめ」といった姿勢もあまりはっきりうち出されていない。むしろ、「ムシ」もクライエントの人となりそのものなのだから、クライエントの心が、何とかうまく自分の「ムシ」とお付き合いできるようになればよい、と願っているのである。「退治」しなくても「こらしめ」なくても、「ムシ」が暴れなくなるようになってくれる道があるにちがいないというのが、基本的な発想なのである。

不登校ないしは登校拒否症の子どもには、学校へ行きたくない「ムシ」が棲んでいる。家庭内暴力の子どもには、どうしようもないイライラの「ムシ」が棲んでいる。でも、その「ムシ」たちを病気の「原因」と考えて処置していくのではなく、それぞれの子どもたちが、自分の「ムシ」たちと、どうやったらうまく「付き合える」ようになるだろうか、というのが私の臨床的な着眼点なのである。問題発生のからくりに対する見方は同じでも、対応していく時の姿勢がちがうのである。

心の中の内面とどれだけうまく「あそべて」いるか（＊29頁の《補足》を参照のこと）

こんなことを考えるようになった背景には、イギリスの小児科医であり精神分析家であった、ウィニコット[注1]（D.W.Winnicott）という人の臨床的姿勢にふれたということがある。彼の臨床家としての「治療的人間観」には、目をみはるべきものがある。

その最も特徴的なものをあげると、「人間というのは、ちゃんと「あそべる」能力を発揮するならば、だれでも、みな、普通に健康な日々を過ごしていける」というのがある。これを裏返して言うならば、「心の病」というのは、その人が心の中に重荷を抱えているということだけによって起こってくるのではなく、むしろ、そうした心の中身とうまく「あそべなく」なってしまうがために起こってくる、という見方に立とうということになるのである。少し難しく言うならば、心理的トラブルというのは、心の中身や事柄のまずさから起こってくると考えるよりも、そうした中身や事柄への「関わり方」のまずさから起こってくると考えよう、ということなのである。ウィニコットが「あそぶ」ことができる能力を強調したところには、彼が、そこに、物事との最も自然で豊かな「関わり合い」のあり方を認めたからにちがいないのである。

そういう意味では、私の臨床の中では、クライエントの心が自分の心の中の内面とどれだけうまく「あそべて」いるかということが、最も大切なポイントになっている。はじめにあげたクライエントが、「なおしてもらったとはいえないかもしれないけど、何とかうまくやっていけそう」と言ってくれ、しかも、そうしたやりとりの場をとり包むかのように少し表情をほころばせてくれたところに、彼の心がうまく「あそべる」能力を恢復してくれているように感じとることができた、ということなのである。「なおる」ということを柱にしたカウンセリングというものと、「生きる」ということを柱にしたカウンセリングというもののちがいが少しはわかってもらえるだろうか。

「なおる」ということを大切にした場合には「なおす」者と「なおされる」者がいて、その両者がそれぞれ何を「する」必要があるか、ということがテーマになる。それに対して、「生きる」ということを大切にした場合には、「なおす」者と「なおされる」者が共にどのような「関わり」状態の中に「いる」かということが中心テーマになってくるのである。

しかし、これだけの話では、心が「あそべる」ことの重要性はわかってもらえたとしても、そうした「あそべる」心の状態にどうやったらたどり着くことができるのかとか、「あそべる」心というものがどのような意味ある人生を切り開いていくことになるのか、といった問題にはふれることができていない。次項から、少しずつ、細かくこの両方の問題に立ち入ってみたいと思う。

2　「遊び」を「あそべない」子どもたち

「遊び」を「あそべる」ことの難しさ

「あそべる心」などということを考えていると、どうにもやりきれない少年事件のことを思い起こしてしまう。とりわけ印象に残っている例を思い起こしてみる。

中学校を卒業したものの、高校へは進学せず、かといって就職もしなかった少年が、親に借りてもらったマンションの一室でブラブラしていた。彼は、学校の後輩を呼んで時々いっしょに騒いでいたのだが、そのうちトランプゲームをすることを思い立った。仲間同士の遊びだから、はじめのうちは楽しくやっていたにちがいない。ところが、だれかの発案で金を賭けてやろうということになってから少しずつ雲行きが怪しくなってきた。確かにそうした方が気合が入って面白いという面もあるが、それも勝つ人間と負ける人間がそこそこ入れ替わってこそいえる話であって、だれかが一方的に勝ち続け、その反対にだれかが一方的に負け続けるというのではお話にならない。おまけに困ったことに、勝ち続けた方の少年が負けが込んでしまった少年にまるで借金を取り立てるかのような態度に出てしまったのだからたまらない。自分の小遣いではとうてい支払うことのできないほどの「借金」を抱えこんだ少年は日に日に追いつめられていき、ついには思いあまって、「債権者」であるもう一方の少年を殺害するに至ってしまったというのである。

もともと遊びから始まったはずのトランプゲームが、どうして少年同士の悲惨な殺人事件にまでつながってしまったのだろうか。賭けごとをしたのが悪い、賭け金の額が大きすぎたのが悪い、取り立てるといった態度に出たのが悪い、追いつめられた時に親に相談できなかったのが悪い、そんな遊び方をしているのに気がつかなかった親たちが悪い、などなどいろいろ指摘してみることはできるだろう。確かに、どこかの時点で軌道修正が行われたならば、殺人事件という悲惨な結末は避けられたかもしれない。しかし、よくよく考えてみると、この事件のやりきれなさは仲間同士の「遊び」ごとの中から「あそび」の心がいとも簡単に消滅してしまったという点にあるのである。勝った少年も負けた少年も「勝ち負け」をゲームとして「遊ぶ」ことができず、いつの間にか「本気」の「争い」をしてしまっていたのである。

これほど不幸な事件にまでは至らないにしても、最近の子どもたちから簡単に「遊び」心が失せてしまう例は少なくない。はじめは面白半分のいたずら心から始まったはずの「からかい」がいつの間にか深刻な「いじめ」に変わっていたとか、楽しそうに「ふざけて」おしくらまんじゅうをしていた子どもたちが、気がついてみると本気で「殴り合い」を始めていたとかいった話はそれほど珍しくはないのである。「遊びはどこまでいっても遊び」といういうきわめて単純で厳粛な原則はどうして守られないようになってきてしまったのだろう。もしかしたら、「遊び」を「あそび」としてちゃんと「あそべる」というのは、案外難しいことなのかもしれない。

J・ホイジンガは、有名な『ホモ・ルーデンス』(注2)の中で、次のように言っている。「遊びは、自発的に受け入れられた一群の約束ごとの中で行われる、緊張と歓びを伴った非日常的な行為である。そして、遊びは、何かを目指すというのが第一義的目的ではなくて、遊びの目的は遊びの行為そのものの中にある」と。

結局のところ、「遊び」を「遊べる」には、「遊び」を「あそび」とすることができる暗々裡の「ゆとり」というものが必要ということになりそうである。しかし、考えてみればこの「ゆとり」ということ自体が心に「あそび」のあることを意味しているということになれば、話はもうまるでメビウスの環のような感じになってしまう。

どこかへ置き忘れてきてしまった「あそび」の心

その点からすれば、ウィニコットの「あそび」論は、まるでちょうどメビウスの環の「ねじれ目」から出発して議論を試みるかのようである。彼はまずわれわれに、二歳から四歳の子どもたちであればだれでも普通に「遊び」を「あそんでいる」という事実を、そのまま、当たり前のこととして認めるように要求する。その了解の上に立って、子どもたちの心がどのようなからくりで働いているかを解き明かそうと努めるのである。幼い子どもたちは、見たところ夢中で「遊んでいる」かのように見える。しかし、彼らは夢中になってはいても、「無我夢中」の「夢体験」をしているわけではなくて、どこかでちゃんと「遊んでいる」と「わかって」いる。つまり、文字通りの意味での「無我」状態ではないわけである。かといって、彼らは「現実」を文字通りの「現実」として体験しているわけでもない。言ってみれば、心の内界と心の外界という二つの異なった次元の心的世界を同時的に、しかも矛盾なく体験し得ているわけである。虚実皮膜の間にいる、といえなくもなさそうであるが、ウィーコットはむしろ、こうした心のあり方にこそ人間の「主体的」体験の根拠があるにちがいないと主張しようとする。

つまり、彼は、われわれがどのような物事と関わるにせよ、子どもの「遊び」に相当する感覚で体験するのが最も「自然」なことである、と唱えるのである。そして、そうした形で体験された事柄は、ちょうど子どもがどんな内容の「遊び」をしても、それを決してしこりとして残したりしないように、われわれの心の中から静かに、温かく「葬り去られる」ことになっていると言うのである(注3)。こうなると、ウィニコットの心の見方は、一般的な見方とは逆説的な関係になってくる。つまり、体験が十分に「あそばれなかった」という場合にだけ、その中身がしこりとなって無意識の内に閉じこめられて残ったり、反対に現実認識の生々しい記憶としてそのまま心の内にとどまったりする、という見方になってくるのである。

温かく静かに「葬り去られる」などといったところにはいろいろと補足を加えなければならないが、話を「遊び」を「あそべない」子どもたちのところへ戻してみよう。

結局のところ、彼らの心の問題は「遊び」を「あそべない」と表現するよりも、「あそび」の心をどこかへ置き忘れてきてしまった、と表現する方がむしろ適当かもしれないように思われる。考えてみれば、進学「生き残り」戦争から振り捨てられた子どもたちが密かに肩寄せ合っている様は、想像するだけで痛ましいものである。もしかしたら、彼らは世間から「ひきこもる」ことによって、何とか「あそび」の時空間を再現したいと願ったのかもしれない。しかし、「ひきこもり」という代償を支払って確保した時空間は、もはやかつての温かさやのびやかさを感じさせてはくれなかったにちがいない。「創造的」で「全能的」な「あそび」の「場」を保証することこそ、「健康への治療」の第一歩、とするウィニコットのうめき声が聞こえてきそうである。

《補足》「遊び」「遊ぶこと」と「あそび」「あそぶこと」の表記について

一般的な遊び行動、遊び現象に関わるところは「遊び」「遊ぶ」と表記して、ウィニコットがイリュージョン（illusion）、トランジショナル（transitional）の意味を含みこんで、わざわざ“playing”と記して独特の逆説性を説いている遊び事象については「あそび」「あそぶこと」といったようにひらがな表記にして区別することにした。本書の今後の表記はこの基準に従っている。

3　母親の子どもに対する「ほどよい(good enough)」関わり

幼い子どもが夜、眠っていると…

ウィニコットは子どもに対する母親の養育について、無条件の母性的関与(「原初の母性的没頭(primary maternal preoccupation)」)を求めるとともに、「ほどよい母親(good enough mother)」であることを勧めている。(注4・5)

矛盾しているかのような主張であるが、実はこうした語りがウィニコットらしい逆説を含んだ人間関係論になっているのである。こうした逆説的両面性を実際に考えさせられる子育て場面を取り上げることにする。

幼い子どもが夜、眠っている時、急に泣き出してガバッと起き上がってしまった。まだ、夢かうつつか分からないもうろうとした状態だが、とにかくお母さんは、びっくりして子どものそばに寄り添い、やさしく抱きかかえようとする。子どもは少しずつ覚めてきて、目の前にお母さんの顔が存在していることに気づきかけるが、だからといって、すぐにそれがお母さんの顔だと識別できるわけではない。むしろたいていは、いったん目の前のお母さんの顔を押しのけようとさえする。怖い「お化け」の夢を見て恐れおののいて起き上がった続きで、お母さんの顔も「お化け」に見えてしまうのである。だから瞬間的には、子どもはお母さんの顔に向かって、さっきまで以上に大声をあげて泣き叫ぶことさえある。叫び声を浴びせかけられ、押しのけられそうになるお母さんははんとうに大変である。せっかくやさしく抱き止めてやろうとしたのに「お化け」扱いされるのだから、わりが合わない。思わずはずみで、「どうしたのよ、何が怖いのよ、お母さんじゃないの」と叱り声を出したり、「これはお母さんですよ、早く目を覚ましてちゃんとごらんなさい」と言いきかせたりするかもしれない。実際には、お母さんがこうした接し方をしても、子どもの心に柔軟性と強さがあれば、たいていは泣きじゃくりながらでも再び眠りについてくれて、ことなきを得る。でも、へたをするとこうした対応をすることでかえって火がついたように大泣きを始めてしまい、夜中の大騒ぎということになる場合もないわけではない。子どものムシの居どころが悪かったということになるのだろうが、夜泣きが鎮まるまで一時間以上も付き合わされてしまったとか、もうしまいには腹が立ってきて一人で泣き寝入りするまで放っておいてしまったなどという話もけっこうよく耳にする。

でも、多少「心得」のあるお母さんなら、はじめの対応の段階で少しちがったところが見られるはずである。夢うつつの状態でぼんやりお母さんの顔に目をやった子どもが、まるで本物の「お化け」を見たといわんばかりに驚いた素振りをして押しのけようと暴れ出した時、あわてて、ムキになって言いきかせようとしたり叱りとばしたりしないで、「そう、怖いの、大変ね、よしよし」とつぶやきながら、ちょっぴり押しのけられるままに自分の顔を遠ざけながら、子どもの背中に回した手の力を少し緩めつつ、それでいてふところ大きくやわらかく包みこむような態度に出るはずなのである。そうやってしばらく辛抱して見守っていると、子どもは不思議なことにすっかり目を覚ますまでもなく、何かしら収まりがついたようにお母さんの胸に寄りかかってきて、再び静かな寝息を立てて眠り始めるということになるのである。

その「微妙」なやりとりの中に大きな意味が…

このようなことは言われてみれば他愛のないことで、小児科医であり精神分析の専門家であるウィニコットがわざわざ取り上げて論じるほどのことでもないような感じがするかもしれない。しかし彼は、この「普通の母親」ならば、「普通」にやってのけるきわめて微妙なやりとりの中で、子どもの心はたいそう「意味」のある体験をしているということを言いたいのである。子どもが夜、眠っている間に怖い夢を見るにはそれなりの事情がある。昼間に経験した恐ろしい経験がそのまま夢の「お化け」になって出てくるかもしれないし、いたずらをして叱られた時のお母さんの怖い顔が「お化け」になって出てくるかもしれない。もっとうがった言い方をするならば、日頃いっしょうけんめい何かを我慢してきていて、その心の裏側に知らぬ間にたまってきた「怒り」や「うらみ」といったものが「お化け」の姿をとって出てくるかもしれない。それどころか、メラニー・クライン（M. Klein）は、子どもは生来的に「死の影」を背負っているものであり、(注6・7) そのやりきれなさのためにだれでも、幼い時から恐ろしい夢体験に必ず出遭わなくてはならない運命にあるとさえ言っているくらいである。とにかく、子どもはだれでも夢の「お化け」にどのように立ち向かっていくのかということを自分なりにおぼえていかなければならないのである。

その点からすると、夜泣きをして起き上がった子どもが目の前のお母さんを見て思わず押しのけようとするのは、最もてっとり早い方法として「お化け」を自分の心の世界から追い払おうとしている、ということになっているにちがいない。その意味からすると、先に紹介した子どもの目を覚まさせて「これはお母さんですよ」と言いきかせる母親は、子どもに対して結局のところ「お化けはあなた自身の心の産物なのですよ」ということを言いきかせていることになっているといってよいだろう。それをちゃんと受け止めることができた子どもは、「お化け」を自分の心の内側に「閉じこめてしまう」ことができるようになる。これはこれで大切な心の学習といってよいだろうが、「お化け」の迫力が子どもの手に負えない場合は、ことはそう簡単にすまないはずである。肩を揺さぶって「ちゃんとしなさい」などと言って、かえって大泣き大騒ぎになるのはきまってこういうケースなのである。しかたなくおんぶしたり抱っこして付き合ってくれるお母さんに対しても、長い間、手足をバタつかせて困らせ続ける。でも子どもにしてみれば、これはこれで心に収まりをつける努力をしているのであって、結局のところ「からだが疲れて眠りこむ」という最後の手段に向かって突き進んでいるのである。ほったらかされて泣き寝入りさせられてしまう子どもに比べれば、まだましかもしれないが、いずれにしても、「お化け」の恐怖はナマナマしい記憶となって心の中に何らかの形で残ってしまうにちがいない。

「現実」でも「幻想」でもない体験を通して…

このようにみてくると、ウィニコットのいう「微妙」なやりとりの大切さが、少しははっきりしてくるのではないだろうか。子どもの「お化け」を引き受け受け止めながら、その一方でやさしく大きく包みこむ母親のふところの中で、子どもは夢とうつつの「はざま」を通してほどよく、温かく、

「お化け」と別れを告げることができるということなのである。言葉を替えて言うなら、こうした場合には夢の「お化け」も自分の心の産物として心の中に抑えこんだり閉じこめたりする必要がなくなり、また、ナマナマしい現実の記憶として心にとどめる必要もなくなってくるわけなのである。ウィニコットが「現実」でも「幻想」でもない心、「意識」でも「無意識」でもない心、すなわち心の「中間的体験域（intermediate area of experience）」で経験が行われるならば、そこでは「健康なあの世（in limbo　リンボ界）[注8]」への扉が開かれることになって、どんな種類の経験であっても「ほどよく葬り去られる（ないしは、お祀りされる）」ことになって情緒的な負荷が残らなくてすむようになると言ったのは、こうしたことを指してのことなのである。多少うがった言い方になるかもしれないが、子どもの眠りを脅かし夜泣きまでをも引き起こした「お化け」は、ここに述べてきたような母親の関わりがあれば、ちゃんと「あの世のもの」としての「お化け」になっていくにちがいない。こうした、「健康なあの世」をもつことができた子どもの心には、たぶん「何はともあれだいじょうぶ」といった思いが静かに根付いていくにちがいない。

4　ほどよく葬り去られた世界と「意味」の世界

あの世からのお迎えということ

もう半年も寝たきりになってしまっている九〇歳を過ぎたおばあさんをお見舞いに行った。聞けば、すでに何度もいわゆる「ボケ」の発作におそわれて、そのたびに家人は大騒ぎをしてきたとのことであった。それでも、私が見舞った時はそうしたパニックが少しおさまっていて、何とか会話らしきものができるような状態にあった。「おばあさん、いかがですか」と声をかけると、こちらがだれなのかわかってかわからずか、「ありがとう、ありがとう」と繰り返す。客観的にみれば、内臓も何箇所か悪くしているせいもあってすっかりやせ細り、衰弱も進んでもはや先も長くないような様子である。痛む思いを胸に、「がんばって長生きして下さいよ」と声をかけたものの、とても心のこもった調子とまではいかない。ほかになすすべもなく片方の手でやつれた手を握り、もう一方の手ですっかりうすくなったおばあさんのからだをそっとなでてあげていた。どれくらい時間が経過したか定かではないが、気がつくと、おばあさんがか細い声で私の名を呼んでいる。そばにいた家の人もそれに気がついたようで、驚いたように「人の名前をちゃんと呼んだのは、ほんとにひさしぶりのことですよ」と言われたので、私も思わず身をのり出しておばあさんの口元に耳を近づけてみた。続いて聞こえてきたのは、おばあさんの切実な願いごとであった。「あんたの死んだおばあさんに早くお迎えにくるように言っておいておくれ……」。さすがにすぐさま返事をするわけにはいかなかったが、意を決して、「わかったよ、それじゃ、後でお墓参りして、おばあさんに頼んでおくから……」。どうやら話が伝わったようで、おばあさんは私の手を握り返して顔も多少ほころんだようだった。

私にはお迎えという言葉がとても印象的で、いろいろ考えさせられてしまった。思い起こしてみると、このおばあさんは二〇年以上も前に死んだ私の祖母とはとても仲よしで、からだの自由がきいているうちはしょっちゅうお墓参りをしてくれていたのだった。つまり、このおばあさんは私の祖母を長い時間をかけて「弔い」「葬り去る」という作業を続けてきた人なのだった。そして今、その心をこめて「葬り去った」相手である私の祖母からの「お迎え」を待っているのである。「葬り去る」という心の仕事と、「葬り去られたもの」の行方と、「葬り去られたもの」との関わり合いの諸相が興味深く語られているような気がする。ちゃんと「葬り去る」ことができた対象は、客観的実在性としての位置は失っていくけれど、「意味」としての実在性は、この世の存在原則を超えて「あの世」で密やかに生き続けているということではないだろうか。そして、このおばあさんにとって自らの死という重大な時を迎えようとするにあたって、その「葬り去られた」対象との交流が強く望まれているというわけなのである。そして、さらに興味深いのは、そうした「葬り去られた」対象とのふれあいは、単にそれを望んだ者の意思によってのみ実現するのではなく、共に「葬り去った」体験をもつ者との「関係性」を通してのみ実現するということを教えてくれているような気がするのである。

私の意図がはじめからそこにあったわけではないのだが、おばあさんは手を握り合い、からだをなで続けてくれている私との間に、「お迎え」の可能性を感じ取ったにちがいない。多少乱暴な連想かもしれないが、もしかしたら、そのおばあさんが一人ぼっちで「お迎え」を呼び寄せようと試みた時、「葬り去られた」あの世は、荒々しい訪れ方をして、その巻きこみ方の無秩序さのゆえに、パニックを引き起こすことにしかならなかったのかもしれない。それが、見たところ「ボケ」と呼ばれる発作につながっていたのではないかという気がしたのである。ともあれ、老いて死んでゆく者にとってすでに「葬り去られた」者の棲む世界との交流が大切で、しかもその交流の扉は当人ひとりの努力で開かれるものではないということを知らされたのは、実に貴重な経験であった。

前項で、私は幼い子どもが心の「お化け」に襲われた時、母親の微妙で適切な関わりがあれば、そのお化けはちゃんと「あの世」のものとして「葬り去られる」ということを述べてきた。今回ここに取り上げた話は、あの世からの「お迎え」という「葬り去られた」世界からの意味ある訪れをテーマにしたものであるが、この二つの話は興味深く好一対をなして、われわれに大切なことを教えてくれているような気がする。つまり、ほどよい「関係性」を通して「葬り去られたもの」は、再びほどよい「関係性」が保証されたならば、今度は、改めて深い意味を伴ってわれわれの心に甦ってきてくれるものなのではないか、ということである。このように考えると、体験を「葬り去る」ということが、普通の意味での「無意識化」というのと明らかにちがった種類のものであるということがわかると思われる。「無意識化」というからくりで「忘れ去られた」ものは、どこまでも意識と対峙する形で姿を変えてその裏側にひそんでいる。だからこそ、「無意識」としてひそませておく「自我」の力が弱まった時、必ず意識を脅かす形で顔をのぞかせることになってしまうのである。それに対して、ほどよい関係性を通して「葬り去られた」ものは、そうした意識と無意識という拮抗する心的世界のあり方を超えたところに往き、そして棲むと考えるのが適切な見方ということになりそうなのである。「科学」の枠をはみ出すことを恐れながらも、どうしても「あの世」に「葬り去られる」という表現を使わなければならなくなってしまうゆえんである。

ほどよい「関係性」ということ

ところで、ここで、ほどよい「関係性」ということについても少し具体的にふれておかなければならない。ウィニコットが強調しているものを並べてみると、holding、handling、reflection、object presentingといったところであろうか。holdingというのは、「抱っこすること」「抱きかかえること」「そっと包みこむこと」「見守りつづけること」「温かい眼差しを向けつづけること」などを意味するものである。handlingというのは、「よしよしすること」「トントンすること」「なでなですること」「ほどよく揺り動かすこと」などを意味している。そしてreflectionというのは、「照らし返してやること」「受け止めて、こなして、伝え返してやること」「代わりに体験して、見せてやること」などを意味している。さらにobject presentingというのは、「ちょうどよいものを、ちょうどよい時に差し出してやること」「手を差し伸べること」「方向を指し示してやること」「相手にとって意味があると思われることをちゃんと通じるやり方で伝えてやること」などを意味しているものである。

ウィニコットのいうこうした関わり方は、基本的には母親が子どもの心を最もほどよく育む時の条件として抽出したものである。その意味では、単純に受け止めると適切な子育ての方法を明らかにしているとしか理解されていないかもしれない。しかし、彼がほんとうに言いたかったのは、こうした関わりのあり方は、まちがいなく人間の普遍的で本質的な意味のある「関係性」の「軸」をなしているということだったのである。そして彼は、こうした「関係性」の「軸」が生き生きと息づいている時、子どもであれ大人であれ、その心は、意識、無意識という実在的世界を超えた大いなる「意味の世界」に向かって扉を開くということを示したかったにちがいないと思えるのである。

前項で紹介した母親の子どもに対する微妙な「関わり合い」の中に、そしてここで紹介した死を迎えようとするおばあさんに対する私のふれあいの中に、そうした「関係性」の軸が息づいているのを感じ取ってもらえたならば幸いである。そして、そうした「関係性」が実現されたところでこそ、いかなる体験もほどよく「葬り去られて」、「意味の世界」におさめられていく契機が開かれ、また一方、その「意味の世界」から豊かな訪れを感じとることのできる契機も開かれていくということをわかっていただきたいのである。

5　家庭内暴力をやめさせる「非常識」な方法

子どもの暴力はエスカレートする一方で…

だいぶ前に経験した家庭内暴力の相談例について紹介してみよう。家で暴れていたのは、大学一年生の男子であった。私のもとを訪れてきたのは、その親たちであった。はじめて会った時、父親は息子に殴られて目の周りをまっ黒にしていたから、今でも印象に残っている。話を聞いてみると暴力の兆候は浪人していた一年ほど前からあったそうで、今では家の中の道具類は全部バラバラになって壁まで穴だらけになっているとのことだった。もちろん両親ともその間、手をこまねいていたわけではなくて、はじめは民間の精神科クリニックに、そしてのちには家族療法をうたい文句にした心理クリニックに足を運んでいたそうである。

精神科クリニックでは、親の甘さを指摘され、安定剤を処方されるとともに、しつけをしなおすように指導されたそうである。どんな不満があるにせよ、家財道具を壊したり親に殴りかかるなどというのは節操のないことにはちがいないから、ちゃんとけじめをつけさせてやるというのは正しい筋道である。しかし実際には、息子は親の持ち帰った薬を投げ捨てて、内緒で相談に行った親を許せないとばかりに殴り倒してしまったのである。もう一度精神科クリニックを訪れた両親は、今度は「薬をちゃんと飲ませてやれない親はだらしない」と叱られ、結局は「本人を連れてこなければ治療にならない」と追い返されたとのことである。これまた、医者の常識からすれば、ごく当たり前の正しい見識としなければならないだろう。

こんな事情もあって、親たちはしかたなく家族カウンセリングをしてもらえそうな心理クリニックを探し出し、訪ねていくことにしたわけなのである。そこではまず、親子関係のひずみについての分析が行われ、その結論として「親が、子どもの心を十分受け止めていない」ということになり、しばらくは親の側が徹底して子どもの行動を許容して、暴力が鎮まっていくのを待ってみよう、ということになったそうである。こうした方針も一概にまちがっているとは決めつけられないし、それでうまくいけばそれなりに立派な家族指導ということになったにちがいない。でも実際には、子どもの暴力はエスカレートする一方で、じっと見守っている両親をしり目に、ついには家中をバラバラにしてしまうに至ったというわけなのである。合計一〇回以上はそのクリニックに通ったらしいのだが、親としても、物理的な「家」の破壊に耐えきれなくなってしまって、ワラにもすがる気持ちで私のもとを訪ねてこられたということなのである。

子どもと対決する現実的な方策

いずれのクリニックでもまちがった助言や指導が行われたというわけではないし、専門家の常識に照らし合わせても、十分考えうる方針がとられてきたといってまちがいない。ただ、結果的には実効があがっていないわけであるから痛ましいというほかない。とにかく私としては、状況がのっぴきならないところまできているので、余程の覚悟で引き受けなければならないと思われた。三回ほどの子備面接の後で、早速切り出してみた。「今、親としていちばん何が望みですか」。親の答えは当然ながら、「子どもの暴力をやめさせたい」ということであった。そこで私は重ねて尋ねてみた。「いったい、どうすれば家の中で暴れるのをやめさせることができると思いますか」。両親はそろって苦りきったような顔をして、「それがわからないから先生のところへ来てるんです。何とか実際に効果のある方法を教えて下さい」。私は言った。「簡単な方法がありますよ」。一瞬怪訝《けげん》そうな表情を浮かべた後、父親が「ほんとうですか」と迫ってきた。「子どもをどこかへ収容するか、足腰が立たないように痛めつけてしまうか、だいたいこんなところです」。両親ともに呆れてしまったようだった。しばらく間があって、「そんな、ムチャな」と苦笑いを返してきた。私はそれでも負けずに「じゃ、ほかに方法がありますか……」。初回は、だいたいこんなやりとりで終わった。

次の回も話の流れは基本的に同じである。「お父さん、お母さん、どのやり方でいくか方針は定まりましたか」……「先生、私たち親ですからそんなひどいことはできません」……「家中バラバラにされても、まだ親と子どもですか。わかりませんねえ」……「そりゃ、まあ、今では憎いといっていいくらいですが」……「子どもさんはもともと親のことを憎いと言ってるんですから、だいたいトントンですよね」……「でも、親が子どもを憎いと思っていいんでしょうか」……「実際、ウソ偽りなく今は憎いんでしょう?」……「はあ、そりゃ、まちがいなくそうですが」。

概ねこのような調子で三回のセッションが過ぎていった。そして、やっと父親が切り出してきた。「先生、先生が言われる方法で子どもがなおるならやってもいいですが」……「冗談じゃない、私はなおるかどうかなんて問題にしてませんよ。家庭内暴力をやめさせる方法をいっしょに考えようとしてるんですから」……「はあ、まあ、そうですが」……「第一、子どもを憎いと思っているあなた方が、なおすなんていいカッコを言わんといて下さい」……「そうですねえ」……「もっと正直に真剣に私とやりとりして下さい」。カウンセリングの会話としては全く常軌を逸しているとしか言いようがないが、それでもことの成り行きといった具合で、次の回には話がまとまってきた。「先生、息子を殺すわけにはいきませんからやっつけるというのを選びたい。これは家内とも相談して決めました」……「そりゃよかったですね。これでやっと具体的な作戦を話し合えそうだ」。

父親は決死の覚悟で子どもと対決し…

ここから私たちは子どもと対決する現実的な方策を練っていった。まず、戦いは父親が素手でやること、子どもが武器を持ち出しても父親はあくまで素手でやり通すこと、実行する時は近所の交番に連絡して事情を話してその場に立ち合ってもらうようにすること、やるからには父親はぜったいに息子に負けてはならないこと、どちらかが重傷を負った時には母親がすぐに救急車を呼ぶこと、などなど。こうした約束ごとを確認し合った後、父親がゆっくり切り出した。「先生、私は一六〇センチ、息子は一八〇センチあるんです。もしかしたら負けるかもしれません。その時はどうなりますか」。私も二人が取っ組み合っている場面を想像してちょっと心配になってきたので次のような保証をしてあげた。「もし、お父さんが負けた時は、お母さんの承諾のもとに、息子さんを私の知り合いの病院に強制的に収容してもらいましょう。そうすれば結果的には家庭内暴力をやめさせるというそもそもの目的は達成できるわけですから」。父親は「それを聞いて安心しました」と言い、なお次のように続けた。「先生、万一、私が息子に殴られて死んだ時はどうしてくれますか」。私は答えた。「息子さんが罪に問われないように努力しますし、お父さんには最上級の弔辞を心をこめて捧げます」。面白いことに、これを聞いた父親は心の底から笑い声をあげ、そして、しばらくしてしんみりとした調子で話し始めた。「先生、私、ほんとうは特攻隊の生き残りだったんです。死んだはずの人間が結婚し、子どもを作り育ててきたんですから、家内には悪いけど生きた人間として家族と関わってきたことは一度もないんです。……息子とやり合って死んでもいいですよね。先生のところへ来てほんとうによかった」。私としては内心、話の内容に驚きながらも、それ以上にこの家族の全体をとり包んできた空気というものがどのようなものであったかが伝わってくるような気がして、そしてさらには、そうした空気が男子として生まれてきた子ども心にどのような影を落としてきたかということまでもが伝わってくるような気がして痛ましさすら覚えたものであった。

父親は、とにかく私との約束を文字通り決死の覚悟で果たそうとしてくれた。しかし実際には親子の殴り合いは実現しなかった。息子の首根っこをつかんで家の外に連れ出そうとした父親に対して、はるかに体格の優れた息子は「オヤジ、わかった、もういい、もういい」と叫びながら、苦もなく父親の腕をねじり上げ、家の中へ連れ戻したというのである。もはや、いわずもがなであるが、この時から子どもの暴力はピタリとなくなってしまった。父親と母親は、それでもそののち二年間ほど、私のもとへカウンセリングに通ってきたものであった。

死の世界へのこだわりを「葬り去る」

この事例におけるカウンセラーとしての私の対応は、どう考えても「非常識」そのものである。しかし、先に述べた、クリニックの先生方の「常識」にかなった対応よりは、私の「非常識」の方が役に立ったことはまちがいないだろう。ただ、私は、「非常識」そのものの効用を主張しようというのではない。硬直化し、どうにも身動きのとれなくなった親たちに対して行った私の「とんでもない」関わりがその内容のいかんを超えて父親の深層に対するメタ・メッセージとなり、父親をして心の底から笑わせしめたところに、病的な家族の布置を転換せしめる意味の契機が開かれたということを大切に考えたいのである。

父親の心には、少なくとも青年期以来、死の影がとりついたままになっていたにちがいない。そしてそれは、父親においては昇華させることのできないまま死の世界へのこだわりとなってとどまり、一方そうした父親を柱にする家庭においては不都合な家族的「元型」となって潜在的に凝縮していったにちがいない。男子である息子が青年期に至って苛立ち、そして暴れ出していったということも、こうした家族的背景を考えると、それなりに当然のこととして理解されそうにさえ思われるのである。

私とのカウンセリングの中で「弔辞を読んであげる」と言われた時、父親の心は、「死」ということを孤独な秘めごととしてでなく、「関係性」の中で味わうことができるようになっていったようである。思わず湧き上がった笑いはそのことを如実に示しているように思われる。言いかえるならば、この父親は、「死」ということを自分自身の運命的な歴史の中の事柄としてしか体験できていなかったところから、「関係性」を通してより広くより深く体験できるようになっていったにちがいないのである。「特攻隊」にまつわる話もそれを語ったこと自体に意味があるのではなくて、実は、その時、すでに、その場が、父親にとってしこりやこだわりを「葬り去る」しかけの場として息づくことになっていたというところに大きな意味があるわけなのである。このように考えてこそ、私のそれまでの「非常識」も「意味ある関係性の場」を息づかせるための「しかけ」としての意味をもってこようというものなのである。

6　ひたすら会い続けることの大切さ

重篤な精神病が、徐々に進行しつつあるといった印象…

もう、かれこれ三〇年以上も前に出会った青年の話である。父親はとてもまじめな教師で、それにも増して母親は気の小さい しまり屋さんのようであった。兄が一人いて、すでに一流大学へ入学していた。次男坊の当人は、中学までは兄以上に成績が優秀で将来を嘱望されていたようであるが、有名進学校に入ってからは徐々に活力を失い、私と出会った高校三年生の三学期には、大学受験を放棄して家に閉じこもりっ放しになっていた。父親に連れられて会いにきた彼の表情は全く精気を欠いており、声も聞きとれないくらいであった。一見したところ、重篤な精神病が徐々に進行しつつあるといった印象であった。二人きりになった時の彼の訴えは「人前に出るのがいや」「もう長い間、激しい下痢が続いており、とても外へ出かけられるような状態ではない」というものであった。私と向き合っている間も全身は緊張し、何度となく実際にお腹がグルグルと音を立てて鳴るのだから大変である。

特定の対象に集約されない外界への忌避感とつかみどころのない不安からくる身体的反応が中心であるから、心理カウンセリングを行ってもなかなかうまくいかないことが予想された。実際、来談は途切れがちで話はいっこうに進展しない。彼の口をついて出てくるのは体調不全の訴えばかりで、心の内面をみつめるなどということはとても望めないような感じであった。当時まだ若かった私としては、カウンセラーとしての自負心から焦りや苛立ちを覚えないでもなかったのだが、それ以上に内因精神病の進行を恐れる気持ちの方が強く、できるだけ現実生活上のアドバイスだけに話題をしぼって面接を進めていった。時折、自殺企図まがいの行動に出たり、家出同然に行方不明になることもあったが、ほとんどの時間は家の自室で無為に過ごしていた。並行して別の日に会っていた親たちには病態の重さを伝えておいたのだが、希望のないカウンセリングというのは続けるだけでもしんどいものである。三年ほどして本人がテレビを見るようになった時、それをことさら好転の兆しとして強調したことも、なさけない思い出として残っている。

「夢のことは夢に任せ、箱庭のことは箱庭に任せる」

それでも、とにかく延々と会い続けるというだけでも意味があるのだろうか、ひどい状態に陥ることなく四年を過ぎる頃になると、家の中では一人前の顔をして生活するようになっていった。家族の者からすればかえって厚顔無恥に居直ってしまったかのようにも見えるわけで、時には嫌悪感すら禁じ得なかったようなのだが、私にしてみれば、とにかく悪くしなかったというだけで満足してほしいというのが本心であった。ところが、五年目になるとなかなかやっかいな問題が起こってきた。それなりの安定に腰をすえた当人が「ぼく、このままでは……なんとか……」とつぶやくようになってきたのである。カウンセラーとしての努力といえば、ただひたすら面接を継続してきたということだけしかないのだから、次への運びの見当もつかなかった。それに一応落ち着いているとはいえ、彼自身の状態はいわばシゾイド的な回避性パーソナリティ障害といった水準にあるのだから、うかつに分析的アプローチを試みるわけにはいかない。とはいえ、彼のかすかな前向きの気持ちは尊重しなければいけない。そこで、とりあえずスクィグル（相互に線をなぐり書きした画用紙を交換し、描かれた線を使って一つの絵に仕上げていくプレイ）をやってみることにした。ただ、分析的に心の内面に深入りすることは避けようという方針は変えなかったので、スクィグル表現をもとに解釈的なやりとりをするということはなかった。言ってみればスクィグルという題材を通して、われわれの関わりが持続しているということが第一義であったわけである。

無責任で投げやりと受け止められては辛いのだが、スクィグルのもつ心の内面への影響力についでは「スクィグルそのものに任せる」というのが私の基本的方針であった。のちには夢を報告してもらうことも試みたし、箱庭を作成してもらうことも試みた。こちら側としては夢や箱庭の表現にはいろいろ心を動かされるところもなかったわけではないのだが、それを彼の心に投げ返すということは徹底して避け続けたものであった。結果的にはスクィグルの場合と同様、「夢のことは夢に任せ、箱庭のことは箱庭に任せる」という姿勢を貫き通したことになる。こうした姿勢がかえって功を奏したなどと謳い上げたのでは厚かましさが過ぎるということになってしまうが、とにかく「自然治癒」に匹敵するくらいのペースではよくなっていったようである。カウンセリング開始からかれこれ八年も過ぎようという頃になると、彼も症状に振り回されるといった状態から脱して、ある種の寛解状態に落ち着くようになっていった。とはいっても、彼が家から出かけられるのは相変わらず私とのカウンセリングの時だけなのだから、とても人生の見通しが立つなどといった話にはならない。もはや、このあたりになるといわば「くされ縁」といった感じで、カウンセリングの内容も「何とか、それなりに自活できるようになるため」に通信教育の段取りをつけてみたり、内職のアルバイトを紹介してみたりといったことになっていった。やりかけては中途で挫折し、また新しく取りかかるということを一〇回以上も繰り返しただろうか、とうとう彼も三〇歳の大台に近づいてきてしまった。大学を卒業した兄も、この頃にはすでに結婚して子どもまでもうけていた。一〇年を超えるカウンセリングの間に、彼もオジサンと呼ばれるようになってしまったわけである。

「彼方の世界」への扉を開く

まるで、ムダばかりを重ねてきたように見えた彼の生活にも少しだけ変化が訪れてきた。というのは、彼が自ら希望して自動車の運転免許を取ることになったのである。はじめは反対していた両親も「家の中に座っていながらそのまま外へ出かけられる魔法の道具」という私の説得を受け入れて賛同してくれることになった。案の定、彼は車の運転を楽しみによく外へ出かけるようになっていった。面白いことに両親も、用事がある時には彼の車を足代わりに使うようになっていったのである。家族の中ではじめて役に立つ位置を得たことになる。こうして、半年ほど経過したのち、彼はおじさんの経営する法律事務所の使い走りを手伝うようになった。カウンセリングの場面でも表情が豊かになり、好転が確かめられるようになっていった頃、徐々に事務所の仕事にも本格的に関わるようになっていったようであった。だんだん来談の回数も減っていき、そのうち彼からの連絡があった時のみ会うことになっていった。そして、事務所の手伝いを始めて四年目、とうとう結婚にまでこぎつけることができたのである。

この事例を通して、私は「ただ、ひたすら会い続けること」の大切さを教えられたような気がした。彼の心の状態をいろいろ読みとる努力はしたが、結局、一貫して、そうした読みをカウンセリングのやりとりの中に織りこむということは行わなかった。オモテに表れた私の仕事は、ただ、ただ、彼が悪くならないように祈りながらずっとそばで「見守り続ける」ということでしかなかったように思える。治療的な操作としてはどこにも鮮やかなところはないが、とにかく彼がそこそこちゃんと生きていけるようになったことはまちがいない。私なりのこうした関わりを彼がどのように感じてくれていたのか、のちになって彼は手紙で次のように伝えてくれた。

「先生、子どもが生まれました。先生も喜んでくれますか。ぼくには何か別の世界から授けられたもののように思えています。……別の世界への扉を開いてくれたのは、先生と会い続けていたからだと思います。……親は、ぼくのことを「川上教」の信者だといいますが、御利益をくれたのは先生自身というわけではありません。先生とぼくを会い続けさせてくれた何かだと思います。……ぼくはぼくをずっと支えてくれて、すばらしいものを授けてくれたその何かに対して心から感謝しています。……先生には、ぼくのこんな気持ちをわかってもらえると信じています」。

前の項で、カウンセリングの際に心がけていることとして、holding、handling、object presentingということを示してきた。実際ここに紹介してきた青年に対し、私自身この三つの態度をもって接し続けてきたつもりであった。でも、彼が教えてくれているのは、そうした私の態度が直接彼の心を育てたのではないということなのである。私のholding、handling、object presentingは彼と会い続けることには寄与したけれど、彼の心にほんとうにholding、handling、object presentingしたのは、われわれの「関係性」を通して開かれた「意味の世界」に宿っている何ものかであったというわけなのである。こうした経験を通して教えられたのは、「関係性」を維持するということの大切さはもちろん、それ以上に「関係性」を通して「意味ある力」を授けてくれる「彼方の世界」の素晴らしさに、常に畏敬の念を抱き続けていなければならないということだったと考えている。

《第１章◆注・文献》

（注１）ウィニコット、D.W. 著、橋本雅雄訳『遊ぶことと現実』（「現代精神分析双書　第Ⅱ期第４巻」）岩崎学術出版社、一九七九年

（注２）ホイジンガ、J. 著、高橋英夫訳『ホモ・ルーデンス　人類文化と遊戯』中央公論社、一九七三年

（注３）（注１）ウィニコット、D.W. 著、一九七九年と同じ

（注４）Winnicott. D.W., *Collected Papers: Through Paediatrics to Psycho-Analysis.* Tavistock Publications, London, 1958.

（注５）ウィニコット、D.W. 著、北山修監訳『児童分析から精神分析へ』（「ウィニコット臨床論文集Ⅱ」）岩崎学術出版社、一九九〇年

（注６）スィーガル、H. 著、岩崎徹也訳『メラニー・クライン入門』（「現代精神分析双書　第Ⅱ期第１巻」）岩崎学術出版社、一九七七年

（注７）クライン、M. 著、西園昌久、牛島定信編訳『愛、罪そして償い』（メラニー・クライン著作集３）誠心書房、一九八三年

（注８）（注１）ウィニコット、D.W. 著、一九七九年と同じ

第2章　臨床家ウィニコットの人となり

ここで記していくのはウィニコットについての研究などというものではなくて、私がウィニコットの著作から何を読みとり、臨床実践センスとしてどのようなことを受け止めてきたのかというプロセスを明示しようとするものである。とりわけウィニコットのイリュージョンの着想、体験の第三領域の着想、遊びが癒やしにつながるとする着想について、私なりの受け止め方と理解を明らかにしたいと考える。

1　私が思い描いたウィニコット像

すでに、いずれかの専門書を通して、ウィニコットの経歴については御存知の方もあるかもしれないが、ここでは私がその著作を通して思い描いた（illusion）ウィニコット像というものを紹介してみたいと思う。

ウィニコットの経歴

ウィニコット（Winnicott, D.W.）は、一八九六年にイギリスのプリマスに生まれ、一九七一年にロンドンで七五歳の生涯を終えている。彼の個人史については、まだ詳しく明らかにされていないのだが、少なくとも幼少時に父親は市長をつとめていたというから、経済的には恵まれた家庭に育ったようである。姉二人につづく一人息子で、長じてのち、ケンブリッジ大学に進み、医学を専攻し、小児科医への道を歩むことになった。彼の臨床医としての拠点はロンドンのパディントン・グリーン病院（Paddington Green Hospital）で、ここで四〇年あまり小児科医長をつとめたとのことである。この点からすると彼の職業的アイデンティティは、基本的には終生、小児科医というところにあったといってもよいように思える。彼は、医師としての診療にはとっても熱心だったようで、担当する患者の数の多さはもちろんのこと、子どもの親たちとの医療相談面接にも、かなりのエネルギーを注いでいたようである。こうした精力的な小児科臨床を通して、ウィニコットは、子どもの病の発症や治療過程に親子関係の要因がぬきさしならない形で関与していることを認識するに至った。とりわけ、それがほとんどの場合、無意識的な心のからみ合いによって貫かれていると知った彼は、小児科医としての医療遂行のために、無意識心理学、即ち精神分析学を学ぶ決意を固めた。一九二三年に、ストラチェイ（Strachey, J.）に教育分析を受け始めたのである。この教育分析は、以後一〇年間も続いたとのことである。同じ一九二三年、のちに悲しい別れを経験することになった最初の奥さんと結婚していることからしても、三〇歳を目前にしたウィニコットが、この頃どれだけ前向きの姿勢でいたかということが伝わってくるような気がする。(注1・2)

子どもの病理は親子の「合作」である

こうして、精神分析の領域に一歩足を踏み入れたウィニコットは、一九三〇年代になると、彼の思考に決定的影響を与えることになった一人の女性精神分析家と出会うことになる。ちょうどこの頃、ロンドンに移り住んできて活躍を始めたメラニー・クライン（Melanie Klein, 1882-1960）である。彼女の名は、今ではわが国で広く知られてきているが、とにかく、とても数奇な運命をたどった人で、もともと医学や心理学の分野に籍を置いていたわけではなくて、いったんは普通に結婚して家庭に入りながら、数々のめぐり合いに導かれるままに精神分析に身を捧げることになった人である。

家庭人であった彼女の才をはじめに認めて、当時の居住地であるハンガリーのブダペスト精神分析学会に導き入れるべく教育分析を行ったのはフェレンツィ（Ferenczi, S.）である。そして、彼女をブダペストからベルリンに招いて指導を行ったのはアブラハム（Abraham, K.）であるし、最終的にイギリスに移ることを勧めたのはジョーンズ（Jones, E.）である。いずれも精神分析の分野では今も名を残している大家たちであることを考えると、クラインの才能も大したものだといえる。それ以上にイギリスに移り住む（一九二五年）直前の一九二三年、四一歳の折、精神分析に専念するためという理由で、子どもを抱えて離婚までしているのだから、その熱情たるや、すさまじいばかりである。学問的な人間観の上でもなかなかすごみがあり、人間の本能衝動の中核には「破壊性」というものがあり、人が心を形成していくのは、ひたすら、その「破壊性」と折り合いをつけていくためであるという厳しい見方に立っている。(注3)そうした見方を子どもの精神分析を通して明確化しようと試みていったのが彼女の功績になっているのだが、子どもの心が根源的に自らの内なる「悪魔」と戦っているというのは、常識ではなかなかついていけない発想である。ところが、心理臨床の専門分野で、重篤な精神病理を呈している人たちの心の様を理解するには、彼女のそうした観点はとても有益な示唆を与えてくれるものになっているのである。(注4・5)

ウィニコットがクラインに接近していったのは、彼が小児科医として精神的にも深く病んでいる子どもたちと会っていたことを考え合わせると、容易にうなずける話である。ただ、臨床の現場で、はじめから子どもの病理は親子の合作であるという実感をもっていたウィニコットには、クラインの徹底的な「個人内界主義」は、全面的にはうなずけないところがあったようである。ここのところの思いが、のちにウィニコット心理学を生み出す源泉になったのであるが、親と子の合作としての病理が無意識的な過程としてどのように営まれていくのかを明らかにしていこうとするのは、とても難儀なことである。言葉で説明してくれない子どもの心をクラインに匹敵するだけの精緻さで読みとり、さらに母親をはじめとする家族の者たちの無意識的布置を浮き彫りにして、しかも、その両者が無意識のうちにどのようにからみ合っているかということを洞察的に読みとらなければならないのであるから大変である。一九三五年から六年間、ウィニコットはクラインから本格的にスーパービジョンを受けているのだが、彼自身の秘めた葛藤を思うと、なかなかしんどい体験ではなかったかと想像される。親と子の無意識的な心の「関係性」というところに関心がありながら、クラインの人間の「原罪」にまでさかのぼるような眼も学びとらなければならないのである。こうした点からすると、ウィニコットがクラインに傾倒していったのは、その学問的な知見にひかれてというのではなくて、もしかしたら、彼女のもつ「徹底的に人も自分も追いつめていく」という人間的な厳しさの部分に共鳴したからではなかったかという気がしてくる。実際、このように考えてはじめてうなずけるような出来事が、ウィニコットの身の上に起こってくるのである。悲しいことに、芸術的センスを具えた奥さんが精神病的疾患に陥ってしまうのである。このあたりのウィニコットの思いは、まだ、詳しく明らかにされてはいないのだが、結果的には一九四九年、ウィニコット五三歳の時、離婚という結末を迎えてしまうのである。

「ほんもの」の温かさは並大抵の厳しさからは生まれてこない

こうした実話は、私自身、ウィニコットの著作に出会ってからのちに知ったのであるが、興味深いことに私の心の中では、ウィニコットのこよなく温かい著作論文のかげから、いつも哀しみと悼《いた》みをたたえた彼自身の眼差しを感じとっていたような気がする。「ほんもの」の温かさは、並大抵の厳しさからは生まれてこないという私自身のきわどい思いが重ね合わされていたのかもしれない。少なくとも、私がウィニコットにふれて「救済」に近いような思いを感じたのは、彼の著作に表された温かさによってではなくて、その温かさがにじみ出してくるまでにたどってきたにちがいない彼の「ほんもの」の人生にふれたような気がしたからにちがいない。本気で臨床実践に取り組み、のたうちまわっている人間にとっては、臨床的な論文は人格的なぶつかり合いとふれあいを体験する臨床実践の「現場」にほかならない。ウィニコットの「ほんもの」の著作が、どのような「ほんもの」の臨床家としての軌跡を伝えてくれているのかを、順次紹介していくこととする。

多少個人的な話題に傾きすぎたところを補うために添えておくなら、ウィニコットは、一九五一年、終生の伴侶となったクレア夫人（Clare Winnicott）と再婚している。なお、ついでに添えておくなら、精神分析家としてのウィニコットに不朽の名誉を与えることになり、そして、ウィニコット自身の人生を「ほどよい」ものに導いてくれることになった『移行対象・移行現象論（Transitional Objects and Transitional Phenomena）』がはじめに著されたのも、同じ一九五一年のことである。（注6）

2　温かさの裏側にある妥協のない厳格さ

「あきらめの悪い」やっかいな人だったからこそ…

前項で、私は、ウィニコットの「ほんもの」の温かさの裏側に、ウィニコット自身の悲しみと悼《いた》みの歴史が流れているのを感じてきたということを述べた。そこでもふれたことだが、ウィニコットという人は、もともと根っから温かく柔軟な人だったとはいいがたい面をもっている。小児科医として患者を診る時、そもそもその数が並外れて多かったと自認しているし、子どもの病像理解のために徹底して親から情報を収集しようとしたというところにも、ハンパでないものを感じさせられる。考えてみれば、子どもの病気が親との合作であるというのは自明なことであって、たいていの医者は、そうしたことを承知の上で、さまざまな意味での自分のキャパシティーの見極めから、とりあえず病者である子どもの病状だけに焦点づけを行っているものなのである。こうした観点からすれば、ウィニコットという人は「あきらめの悪い」ないしは「割り切りのできにくい」やっかいな人であったといわなければならないのかもしれない。

このような伝からすれば、ウィニコットが精神分析の領域に足を踏み入れたのも、彼の「ふんぎりの悪さ」のせいという話になるかもしれない。精神分析的な眼を持つことによって、子どもの病気の成り立ちを親子関係の無意識な過程にまでさかのぼろうというのだから、へたをすると全く収拾がつかなくなってしまう恐れがある。それでも彼はやめることができないのである。一〇年以上の長きにわたって教育分析を受けながら、精神分析を本格的にモノにしようとするし、それどころか、生半可な無意識力動論では飽き足らずに、徹底した精神内界主義のメラニー・クラインにまで接近していこうとするのである。ここまでくると、「割り切りの悪さ」などといった印象を通りこして、「本質へ向かわざるを得ない衝動性」といった趣すら感じさせられてしまう。

こうした彼の性向は、子どもの精神療法場面においても生々しく発揮されることになっていく。彼は子どもと交わりながら、その一方で、治療場面で起こるすべての出来事を記録しようと努める。その書きぶりを見ると、まるで、どんなささいな情報でも決して見のがしたくないといっているかのようである。(注7)「正確さを心がけた」とか「事実性を尊重しようとした」といった常識的な評価を通りこして、「厳格さへの強迫的な執着性」とでもいわなければならないような印象である。

彼の「妥協」を許さない人となりが…

このように述べてくると、ウィニコットについて、その人となりを根っから温かいとかやさしいとだけとらえてきた人には戸惑いを覚えさせてしまうかもしれない。しかし、ウィニコットの温かさ、やさしさを「ほんとうのほんもの」として味わうためには、彼の人となりを、ここに紹介しときたような印象で受け止めておいた方が、むしろ好都合なのである。彼は一九四七年の論文 "Hate in the Countertransference" の中で、自分が非行傾向をもった少年と関わった時の体験を披露している。(注8・9)彼がそこで取り上げているのは、自分が少年に対して抱かざるを得なかった「憎しみ」の問題である。

少年はその問題性向のゆえに、ウィニコットとの治療的な約束ごとをちゃんと守れない。それに対しウィニコットは、基本的なマナーといった点では断固として容赦しないのである。しかし、精神分析的治療者としては、そうした自分の拒絶的態度が治療の上でどのような意味をもつかについて考えざるを得ない。ウィニコットにとって、自分自身の抱く少年への「憎しみ」をどのように取り扱うかが課題になってくるわけである。この時、ウィニコットのもつ「厳格さ」への志向性はいかんなく発揮されることになる。つまり、彼は自分の少年に対する「憎しみ」を愛情でおおい隠したり、和らげたりしようとはしないのである。考えてみれば、精神分析に限らずたいていの心理学では、愛と憎しみは対立的に位置づけられ、その彼方には愛が憎しみをのりこえるといった展望が示されている。しかしウィニコットは、こうした和差算的な統合のイメージを、その「厳格さ」のゆえに妥協的思考としてしか受け止めることができなかったようである。自分の少年に対して抱く「憎しみ」は、少年の成長にとっても意味あるものであり、正当に取り扱わなければならないという考えにこだわり続けた。彼の妥協を許さない人となりは、「妥協のない」憎しみの克服への道を探し求めることにつながっていったわけである。ある意味では、これはメラニー・クラインの「良い乳房」「悪い乳房」の「統合」という考え方にも疑問を投げかけるような性格のものになっている。

子守歌にひそむ「しかけ」の中に…

結局のところ、彼は、「憎しみ」が「憎しみ」として心に抱かれていても、それが、「破壊的」にならないという可能性を模索するほかなかった。そして彼は、そうした自分の問題提起に対する回答を、母親と子どもの微妙な人間関係の中に見出すことに成功したのである。彼の着眼は次のようなことであった。母親は、赤ん坊の「見境のない」要求に四六時中さらされている。たとえ血と肉を分けた子どもであっても、いや、もしかしたら自分自身の血と肉を分けた子どもだからこそ、やりきれなさを覚えることは避けられない。その時、普通の母親は理性による抑制によって自分自身のやむにやまれない「憎しみ」をコントロールしようとするかもしれない。でも、ほんとうに知恵のある母親はそんな不毛な消耗への道など選ばない、自分の「憎しみ」を否定せず、しかもその「憎しみ」で子どもを傷つけたりしない道を選ぶものである。

ウィニコットは、こうした「知恵ある母親」の実像を、どこにでも見られる子守歌を口ずさむ母親の中に見出す。

赤ん坊　おねんね　木の上で
風吹きゃ　揺りかご揺れるでしょう
大きい枝が折れたらば
揺りかごどすんと落ちるでしょう
赤ん坊　揺りかご　何もかも
まっさかさまに　落ちるでしょう……

これはイギリスの子守歌であるが、よく考えてみると、歌の内容はとてもすさまじいものである。

でも、確かに子どもはこうした子守歌を聞きながら安らかに眠りにつくことができる。ウィニコットは、こんなひどい内容の歌が子守歌になるには、幸いにして赤ん坊がその内容をまだ理解できないということ、そして母親がその内容いかんにかかわらず、やさしいメロディーで口ずさむということが条件になっているという。言ってみれば、母親と子どもの「関係性」に働いている「行きちがいのしかけ」が意味をもっているということなのである。そして、こうした「しかけ」といった観点からするならば、歌詞の内容が「破壊的」「破滅的」なものになっているということは、母親が自分自身の「憎しみ」を子守歌という「悪意のない」行為を通じて「健康に」放出できるということにもつながっており、これまた意味ある「しかけ」になっているということでもあるのである。

ウィニコットは、母子関係に息づいているこうした知恵を自分のものにすることによって、はじめて問題を抱えた少年に「憎しみ」を抱きながら温かく関われるようになったと紹介しているのである。言ってみれば、ほんものの温かさは、愛と憎しみの相克から、「愛」の優位性を確かめたり、「愛」によって「憎しみ」をとろかしたりするところから生じるのではなくて、愛と憎しみといった情緒的体験の水準を超えたところで働く知恵を志向することによって、はじめてもたらされるということなのである。

こうした話を通じて、ウィニコットのやわらかな臨床実践が、実は、ウィニコット自身のほんものの志向の厳格さからもたらされたものであるということを、少しでもわかっていただけたなら幸いである。

3　ウィニコットの実践的臨床感覚

精神分析の基本的原則からは逸脱した姿勢だが…

まず第一に、乳児というものは自分自身だけで生きのびる力をもっていないわけだから、母親からの世話は何をさておいても必須のこととなる。このことからウィニコットは、重篤な病理を抱えた患者さんに対しては、ちょうど乳児を前にした母親がそうであるように、常識では考えられないほどの積極的な共感性を要請されると主張する。このこと自体は子育て場面の議論としてはさして驚くに値しないことなのだが、それがそのまま臨床場面における実践家の姿勢につながるということになると話は別である。フロイトも、そしてウィニコットの師であるメラニー・クラインも、たとえ相手がどれだけ心の弱い状態にあったとしても、常にできるだけ中立的な態度で接することを強調している。相手の弱さにほだされて、ついつい温かく接したりするのは、相手の自律的な改善への努力を妨げる非治療的態度であって、厳に戒められなければならないとしているのである。その意味では、ウィニコットの提唱する臨床的姿勢は、逆転移の積極的活用ということにもなっており、精神分析の基本的原則からは明確に逸脱したものになっているわけである。専門家的見地からするならば、これはこれでけっこう大変な話である。

しかしそれに加えて、ウィニコットの逆転移論議は患者への温かい態度、すなわち「陽性逆転移」

の問題だけにとどまらない。患者への否定的感情すらも、その存在をそのまま認めるよう要請するのである。重篤な病理を呈する患者は、その弱さゆえに絶対的な庇護を求めるが、その一方で、ちょうど幼い子どもがそうであるように、要求のしかたにおいてまるで見境がない。他者に対する配慮の能力が具わっていないということを考えると、それはそれでしかたないことなのであるが、それでも、それが延々と引き続くとなると話は別である。思い通りにならないのはすべて相手が悪いとばかりに荒れ狂うということが度重なってくると、そうそういつまでも穏やかな気持ちをもち続けていられるわけがない。やりきれなさを通りこして、「憎しみ」に近い拒否感情すら抱いてしまうことにもなるものである。これはこれでまた、正統精神分析の原理に照らし合わせるならば許されるはずがない。心理治療実践家の責務として、そうした感情はできるだけ速やかに自分の中で処理して、改めて中立的な態度に立ち戻らなければならない、ということになっているのである。

ところがウィニコットは、そうした努力を行うこと自体が、へたをすると屈折した気持を二重三重に錯綜させてしまいかねないとして、むしろ否定的感情の存在はそのまま認めて、その代わりそうした否定的な感情が直接相手の心を損なってしまわないよう、手だてを工夫すべきだというのである。彼が「子守歌」の歌詞とメロディに注目し、歌詞の内容は母親の子どもに対する否定的感情を代弁するものになっている一方で、メロディのやさしさは、そうした否定的感情が子どもに直接伝わらないようにするための「しかけ」になっていると明らかにしたのは、実は、そこに臨床実践家の巧妙な工夫の可能性を見出したからにほかならない。結局のところ、こうした見解に従うならば、臨床現場において患者さんに対して否応なく拒否的感情を抱いてしまったとしても、そのこと自体を端的に悪としてしまうのではなく、むしろそうした感情体験を患者さんとの関係に照らし合わせてどのように取り扱っていけばよいかと思いをめぐらせていくのが適切な姿勢ということになるわけである。

治療者にとってほんとうに大切なことは何か

以上のようなウィニコットの提言は、境界例や精神病の患者さんと会う時に、確かに新しい地平を切り開いてくれるものだった。患者さんが自分の不安に丸ごと飲みこまれて身をすくめている時、私自身、やむにやまれず手を差し伸べてしまったことがあった。でも、その時、臨床の現場感覚としては「これでいい」と思いながらも、その一方で、心理療法家の基本姿勢に照らし合わせて、もしかしたら不適当な逸脱をしてしまったのではないかと迷ったものだった。また、患者さんが自分の内的苦痛に耐えかねて、治療者である私を悪者にしてののしり続けた時、「これ以上攻撃心をエスカレートさせてしまっては、患者さん自身の自己破壊につながってしまう」と感じて、用心深く、しかし決然と制止をかけてしまったこともあった。この時もやはり、心理療法の基本から外れたことをしてしまったのではないかと迷いを覚えてしまったものである。ウィニコットの著作は、そんな私の迷いに対して、きわめて有効な示唆を与えてくれたのだった。そして、彼はさらに次のように論を進める。

「外的な人物や対象に心が開かれていない患者さんにとって、欲求の充足は単に衝動を放出することによって内的な平衡を回復しようとしているにすぎない。また、激しい攻撃性も自己の内なる破壊不安を裏返しに表現しているにすぎない。ほんとうに大切なのは人物や対象と『関係している』という感覚の中で体験が行われるようになることである。そのためには、とりあえず欲求や攻撃に巻きこまれながら、それでいて治療者がどこまでも一個の人間として患者さんの目の前に確かな存在として『生き残る』ことである」。

このような話からすると、やむにやまれず手を差し伸べるにせよ、意を決して制止するにせよ、それはいずれも、治療者が確かな一個の存在として患者さんの目の前で生き残り続けることができるギリギリのところでの態度選択である、ということができるように思われた。ウィニコットの逆転移に対する積極的評価は、このようにきわめて厳しい臨床実践への取り組みから必然的帰結として発生してきたものにほかならないのである。

精神分析の基本原則を超えてまでも、徹底して実践的思考を大切にしようとするこうした彼の姿勢は、否応なく彼自身を新しい人間観の世界へ導くことになっていく。

4　移行対象・移行現象論（Transitional Objects and Transitional Phenomena）

ウィニコットは、一九五一年、五五歳の時、“Transitional Objects and Transitional Phenomena”という論文を著した。(注10) 一九四九年に前夫人との別離を経験してのち、クレア夫人との再婚を果たした年のことである。彼は、この論文によって、独自の人間観の提唱者としての評価を得ることになるのであるが、極端な言い方をすれば、そののちの彼の膨大な論考は、すべて、この論文にその着想を発しているといってもよいくらいのものである。

「愛着物」とのふれあいによる子どもの「体験感覚」から

“transitional object”というのは、「移行対象」とか「過渡対象」(注11・12)といった訳語があてられているが、実際の話では、子どもが大切にするテディ・ベア、人形、ぬいぐるみ、そして毛布やタオルケットの切れ端などの「愛着物」のことである。常識的には、こうした物は単に母親への愛着を代理的に満足するためのものとみられやすいのだが、ウィニコットは、子どもの体験感覚の側からみるとなかなか意義深い面があるということを明らかにしたのである。まず、これらの愛着物は子どもがよい体験をしたいと望むならば、「実際の母親とちがって」決して裏切ったりしない。もちろん、母親と直接ふれあうのに比べれば、その満足度はいくらか劣るかもしれないが、「決して裏切らない」というのがなかなかの妙なのである。そして一方で面白いことに、子どもは自分の心の中に不快な気持ちが昂《こう》じると、こうした愛着物を相手にうっぷん晴らしを試みるのである。毛布の切れ端や人形は、振り回されたり、叩かれたり、放り出されたりする。この場合も、「実際の母親とちがって」決して仕返しされたり、ごまかされたりということがないので、子どもは、十分安全に「悪い自分」を体験することができる。要するに、こうした愛着物は母親の代理物といったみかけ上の特徴を超えて、子どもの心にとっては、ある意味では母親以上の役割を果たしているということになるのである。

ところで、こうした愛着物とのふれあいを通して、子どもの心はもう一つ注目すべき体験をしている。それは、毛布の切れ端にせよ、人形にせよ、子どもの心が注がれなくなったとたんに、ありきたりの客観的物体としての意味しかもたなくなってしまうという点からくるものである。毛布の切れ端も、人形も、子どもによってごく当たり前のように捨ておかれたままになる。実際、長い目でみると、子どもたちはこうした愛着物への執着などまるでなかったかのように、それらをおもちゃ箱の片隅へ追いやったままにしておくものである。母親を客観的存在としてみるようになっていくところには、ナマの感情としての見捨てられ感や喪失感が伴うのに対し、毛布の切れ端や人形との別離には、生々しい哀しみや痛みが伴わない。要するに、子どもたちは愛着物との関わりを通して、主観的対象が客観的対象へと姿を変えていくプロセスを無理なく体験できていくということなのである。

たいそう含蓄のある「治療的人間関係論」が広がって

こうしたウィニコットの認識は、もちろん彼が、長い間、小児科医として働いてきたというところからきたにちがいないのだが、このことを彼が一九五一年という時期に発表することになったというところに、なかなか大きな意味があるように思われる。これまでに述べてきたように、彼はメラニー・クラインの影響のもとで、人間の心にひそむ破壊性というものに否応なく眼を向けてきていた。そして、メラニー・クラインがそれを人間のもつ不可避の原罪とし、その克服のためには「愛」のエネルギーによる「償い」への意思が必須としていたのに対して、ウィニコットは破壊性のもつエネルギーには人間の心を成長させていく積極的な成分も秘められているということを主張し、破壊的な心に対して、何とか肯定的に接していけるようにその道を模索してきていたのである。

母親が子どもに対して抱く憎しみの問題をモデルにして、患者の破壊性に呼応して生じる治療者の「憎しみ」をいかにして治療的な態度の中に吸収していけるかという考察を行ってきたのは、そうした努力の一つの表れなのだった。しかし、考えてみれば、彼のこうした積極的な逆転移の活用論をもってしても、患者が自分自身の破壊性に直面するということに対してはなすすべもなかった。ただ、信じて付き合っていくというしかすべがなかったのである。おそらくその裏には、ウィニコット自身の人生のうめきが流れていたにちがいない。伝聞からの類推といった部類の話になるのであるが、妻の人格が「破滅」に向かっていくのに対して、いかにやりきれなさや憤りを感じたとしても、ウィニコットにとってはそれを何とか処理していくというくらいしか、ほかに手だてをもっていなかったということになるのだから……。

こうした点を考え合わせると、ここに紹介した論文は、ウィニコットの小児精神科医としての新しい見解という枠を超えて、彼の人生そのものをも明るい方向へと導いていったかもしれないとさえ思える。このことをわかってもらうために、彼がまとめた「移行対象関係における特別の性質」というものを私流に整理して、あげてみることにする。

1　乳幼児は移行対象を支配する権利を独占しており、われわれもその独占に同意する。しかし、（その対象との関係において）万能感がある程度廃棄されていることが、はじめからの特徴になっている。

2　その対象は、激しく愛されたり、手足をもぎとられたりするが、それとともに、愛情をこめて抱きしめられたりもする。

3　移行対象は、乳幼児が（その扱い方を）変えようとしない限り、決して（外から無理やり）変えられてはならない。

4　移行対象は、本能的に愛することからも、また憎むことからも、そして、もしそれが著しい特徴になるとすれば、破壊的な関わりからも「生き残ら」なければならない。

5　さらに、その対象物は、幼児にとって温かさを与えたり、動いたり、手ざわりをもっていたりするように思われねばならない。言いかえれば、それ自体で生命力や現実性をもっているように感じさせる働きをもっているようでなければならない。

6　移行対象は、私たちの観点からすれば外からやってくるのだが、赤ん坊の観点からはそうではない。かといってそれは、内からやってくるというわけでもなく、また幻覚というわけでもない。

7　徐々に心的エネルギーの備給が撤去されるというのがその対象の運命になっている。したがって、何年か経過するうちに、忘れ去られるというよりは、むしろ、リンボ界に葬り去られてしまうことになる。これはつまり、健康な場合は、移行対象は「内側に入る」こともないし、それについての感情は必ずしも抑圧されることはないということを意味している。つまり、忘れ去られることもなく、嘆き悲しまれることもない。それは意味を失っていくのである。というのは、移行対象は拡散してしまい、「内なる心的現実」と「二人の個人に共通して知覚される外的世界」との間の「中間領域」全体に、いうなれば「文化領野」全体をおおうようにして、広がってしまったということになるからである。

これらの論述が臨床家としてのウィニコットにどのような新たな地平を開いたか、文字通りには読みとりにくいかもしれない。しかし、「乳幼児」というところを「患者」とし、「移行対象」というところを「治療者」と置きかえて読んだならば、たいそう含蓄のある「治療的人間関係論」が広がっているのがわかるはずである。そこには患者が愛と破壊性の両方を治療者との関係を通してそのまま体験し、しかも治療者は本質的に破壊されることなく、患者が十分に体験を体験化したのちにはスムーズに身を退けることができる、という治療関係の展開が見えてくるにちがいないのである。

ウィニコットが、もともと強迫的な性格の持ち主であったということはすでに以前ふれておいた。彼は、この「移行対象・移行現象論（Transitional Objects and Transitional Phenomena）」の提示によって、自分自身の強烈な破壊性に折り合いをつける道を見出すことができたであろうし、また、患者や他者の破壊性についても、改めて心から温かい眼差しを注ぐことができるようになっていったにちがいないと思えるのである。

こうしてウィニコットは、メラニー・クラインの呪縛から、いや、それ以上に自分自身の生活史的呪縛から自由になっていったと思われるのだが、筆者である私にとっても、このようなウィニコットの臨床家としての人生の軌跡とふれあったことは大きな意味をもっていた。次項では、本項で紹介した論文の中になおふれられている“transitional phenomena”“illusion-disillusion”の議論についても取り上げて、そこからどのようなことが読みとれるか、ということを私流の観点から述べてみたい。

5　illusion とウィニコットの人間関係

乳児の「思いこみ」を母親が保証するという関係

“illusion” というのは、思いこみとか錯覚といったような心の働きを意味している。そもそも transitional object との関わりは、すべて illusion に彩られたものであった。毛布の切れ端を気持ちのいいものと「思いこめば（illusion）」、それはそのままそのようなものとして体験化される。一方、毛布の切れ端を邪魔ものと「思いこめば」、それはそれで、やはりそのまま体験化されることになっていた。つまり、transitional phenomena の実現には、必ず、「思いこめば」という心的過程が前提になっていたのである。

このような着眼から、ウィニコットは乳児の体験にまでさかのぼって興味深い論を展開している。乳児が母親の乳房を自分のものにできるのは、乳児の「思いこみ」を母親が保証するからであるというのである。多少、細かくいうならば次のようになる。

「乳児は空腹に駆られて、自分の生理的欲求を満たしてくれる「何ものか（object）」の存在を想像する、そこに、そうした乳児の欲求を察知した母親がちょうどうまく乳房を差し出す、乳児は自分の「想像」がそのまま実現したことによって自分の「思いこみ」に無条件的な自信をもつ、乳児にとってその乳房は完全に自分の統制下にあるものとして感じられる。こうして、乳児にとって原初的な対象が確実に「内面化」されていくことになる」〔注13・14・15〕。

要するに乳児の心の世界が適切に結晶化されていくには、乳児の「思いこみ」と母親からの「供給」とがうまくかみ合わなければならないということなのである。そして、このかみ合わせがうまくいかなかった場合に、乳児の心は不都合なひずみを抱えこまなくてはならなくなるとしたのである。

心の形成・発達を促す力を「欲動」ではなく「ニード」とする見方

この話は、筋道を追いかけただけでは他愛のない母子交流の説明のように思われてしまうかもしれない。しかし実は、精神分析的人間観の点からするととても大きな転回が試みられるのである。オーソドックスな精神分析的な考え方では、乳児が母親の乳房を求めるのは空腹からくる摂取欲求と口唇快感欲求のゆえということになっていた。別の言い方をするならば、人間が心を形成していく時の原動力は、生物学的欲動であるとされていたのだった。こうしたことをふまえて改めてウィニコットの母子関係観を振り返ってみると、その特徴がかなりはっきりしてくると思われる。彼は、次のように言っている。

「乳児の愛する能力から、またニードから、乳房は何度も何度も創造されるのである。乳児の中に、われわれが母親の乳房とよんでいる主観的対象が生成されていく。乳児が乳房を創造しようとしているちょうどその場所に、そして適切な瞬間に母親は実際の乳房を置くからである」。

先にあげた説明と多少重複するところがあるが、要するに彼は、心の形成・発達を促す力を欲動ではなくてニードとしているのである。ここには、メラニー・クラインやウィニコットと同時代の精神分析学者、フェアバーンの考え方が少なからず影響している。(注16) というのは、フェアバーンも人格形成の原動力を生物学的欲動とするフロイトの考え方を批判して、「対象希求性」こそが人の心を育んでいく起動力になるとしているのである。そして彼に言わせると、生物学的欲動はそうした対象希求性に拍車をかける働きしか担っていないのである。

ただ、ウィニコットの場合は、こうしたフェアバーンの見方よりも、もう少し大きな転回を目論んでいるところがある。というのは、フェアバーンの場合、対象希求性の現実的な表れとしての依存欲求が精神活動の基本とされ、その充足と不充足によって人格が構造化されていくとしているのに対して、ウィニコットの場合は、子どもの心のあり方そのものが母と子の関わり合いをそのまま反映した合作であるということを主張しているのである。多少誇張した表現をするならば、フェアバーンは人間関係を取り結ぶ愛情の原点を欲動から依存へと転換したのに対して、ウィニコットは、「世話をする」者と「世話をされる」者という不可分の組み合わせ（set-up）の関係の中に、愛情の本質をみようとしたといえるのではないかと思われる。

個別に宿る愛情ではなくて「関係性」に流れる愛情ということ

このあたりは、前項の中でふれたのと同様に、ウィニコット自身の人生と重なり合うところがうかがえて興味深いところである。五五歳に至ってクレア夫人と再婚したウィニコットが、ちょうど同じ時、欲動論を脱却し、しかも、個別に宿る愛情ではなくて関係性に流れる愛情といったことを強調するような論文を著したと考えると、臨床家ウィニコットの人間としての味わいがいっそう深く伝わってくるような気がするのである。

おそらく、ウィニコットはクレア夫人と「世話をし、世話をされる」関係をとり結んでいったにちがいない。もちろん、ウィニコットの illusion の議論には、disillusion が添えられて、相互に「一人でもいられるようになる」ことの大切さが説かれている。しかし、ここでもウィニコットは大上段に振りかぶって自立などとは述べていないのである。わが国の研究者の中には、ウィニコットのこうした姿勢を評して、個の確立に向かうという点で不徹底であると批判する向きもある。しかし、ウィニコットの人生の軌跡にまで目を配りながら彼の論を味わってみると、一見したところでは不徹底と思われるようなところが、実は優れた成熟論になっているのではないかとも思えてくるのである。

ずっとのち、ウィニコットに先立たれたクレア夫人が回想して述べている。「私とウィニコットの日々の楽しみは、モーニングコーヒーを飲みに出かけて、おしゃべりをしながら過ごすことだった」(注17・18)と……。

6　「一人でいられる能力」と意味ある関係性

「母子分離」としなかったわけ

ウィニコットは、一九五七年に「一人でいられる能力」という論文を発表した（注19）。「一人でいられる」というと、自立とか独立などといった事柄と同じような印象で受け止められるかもしれないが、彼が明らかにしようとしたのは、そうした大人の心理に関わるようなことではない。むしろ、一般には母子分離などといわれるような段階での子どもの心もようのあり方についてのことなのである。母子分離ではなくて、わざわざ「一人でいられる」としたところに、ウィニコットの並々ならぬ思い入れがこめられているのだが、この点については、少しのちにふれることにする。

ウィニコットが"Transitional Objects and Transitional Phenomena"（一九五一年）を著した時から、子どもの心を単独にまとまった一つの組織体とするのではなくて、必ず母親との組み合わせ（set-up）によって考えようとしてきたということはすでに紹介しておいた。多少うがった言い方をするならば、彼は、われわれの心が生きて機能している時には個人としての心の構造を基盤にしているのではなくて、どんな場合にも何らかの意味での関係性に基盤を置いていると考えるべきである、ということを主張したのである。乳児が母親の乳をはじめて口にする時ですら、乳児の思い入れ（illusion）と母親の思い入れがうまく重なり合ってこそはじめてちゃんと実現すると説いたのは、このあたりの見方を根源的に指し示したかったからにほかならないのである。こうしたウィニコット流の見方に従うならば、われわれの心的体験は、主体と対象の双方の思い入れが重なり合う中間領域（intermediate area of experience）のあり様に従って展開するといった方がよいということになってくる。そして、個人の個人としての心は、そうした中間領域のあり様を自分自身のものとして取り入れた時に、はじめて自己の内面世界として構築されていくと考えたわけなのである。

「一人でいられる能力」という論述にも、こうした考え方が興味深く貫かれている。はじめにもふれたように、子どもが「一人でいられる」ようになるという時、一般には母子分離が達成されたといった表現が用いられる。母子分離がうまくいかない時、子どもの自我が未発達であるとか、母親の対象としての恒常性が定着していない、などといった指摘がなされる。そして、分離のできない子どもは、たいてい弱い子どもといったように評価されてしまうのである。しかし考えてみれば、母親の対象としての恒常性が子どもの心の中に定着するなどということは、けっこう難しい話である。ある人は、子どもの人みしりという事象を手がかりにして、人みしりしている子どもはまだ実在としての母親に執着しているのであって、母親が母親のイメージとして子どもの心の内に確実なものになっていくと、その応用として、ほかの大人にもそのイメージを重ね合わせることができるようになって、その結果、ひどいおびえを示さなくてもよくなっていくと説いたりする。そして、母子分離はこうした経験の積み重ねの延長線上で達成されるというのである。また、ほかの人は、いないいないバァというあそびを手がかりにして、母親がいったん姿を消しても、また必ず現れてくるという確信を子どもが得られるようになってくると、時間的にしばらく母親から離れていられるようになるということを説いたりする。さらにまた、ほかの人は、子どもの予測的認知能力の発達を手がかりにして、衝立の陰に消えたおもちゃが反対側から再び出現するのを予測できるようになることが、母親対象の恒常性の獲得にもつながって、空間的な母子分離体験を可能にしていくと説いたりする。

「二人でいながら一人、一人でいながら二人」

ただ、ここで注意しておかなければならないのは、こうした議論の中では、常に子どもの側の個としての認知面の能力の発達にその成否の責が負わされているという点である。だからこそ、一般に母子分離のうまくいかない子どもに対しては、「早くしっかりしなさい」といった働きかけが行われてしまうのである。こうした一連の考え方と比較すると、ウィニコットの「一人でいられること」についての叙述はひと味ちがっている。彼が強調しているのは「一人でいられる能力が育まれるための条件は、子どもが幼児、または小さな子どもだった時、どれだけ母親といっしょにいて一人でいたという体験を行っているかということである」とされている。まるでもって回ったような表現で、一読しただけでは、その意味するところがわかりにくいにちがいない。実際に彼が言わんとしているのは、ちょうどお母さんが炊事や編み物をしているような時、子どもがお母さんのいるのをわかっていながら、まるでそのことを忘れているかのように一人遊びに熱中しているといったような場面のことなのである。あえて言うならば、こうした時、もしかしたら母親も子どもも認識のレベルでは、お互いの存在を「ほんとう」に忘れてしまっているといってよいかもしれない。でも普通の親子であれば、そんな時、「ほんとう」は、お互いの存在を決して忘れていないということもいってよいように思える。

そして、ウィニコットはこのような親子の間で、お互いを「ほんとう」に忘れていて「ほんとう」は忘れていないといったような場面は、「普通」の親子の間では、ごく早期から当たり前のように繰り返し経験されてきているはずだと指摘するのである。

このように言われると、確かにそうした場面は何も「いないいないバァ」遊びや「人みしり」を経験するような時期にならなくても、そして、わざわざ予測的認知能力を確かめるような時期にならなくても頻繁に展開してきているように思える。むしろ逆に人みしりをうまく通過できたり、いないいないバァをうまく遊べるようになったり、予測的認知の能力をうまく達成できるようになったりするためには、「二人でいながら一人、一人でいながら二人」といった体験が必須なのではないかと思えてくるから不思議である。さらに興味深いのは、人みしりやいないいないバァや予測的認知能力を手がかりにした議論においては、結局のところ母親の対象イメージとしての恒常性が問題になってくるのに対して、「二人でいながら一人、一人でいながら二人」といった議論では、母親の個別としてのイメージは直接問題にされなくなってくる点である。つまり、子どもは母親の存在を「ほんとう」に忘れており、それでいながら「ほんとう」は忘れていないといった逆説的な表現を繰り返し味わっていると、その狭間から、ウィニコットが「ほんとう」に言いたかったことが浮かび上がってくるような気がする。わかりやすく言うならば、そうした場面で「ほんとう」に子どもが体験しているのは、母親の対象としての恒常性なのではなくて、実は、子どもと母親の間の「関係性」とでもいうべきものの恒常性なのではないかということなのである。

考えてみれば、子どもの心に母親のイメージの恒常性が宿っていくというのであれば、子どもは、そうしたイメージの内在化と引き替えに、実在の母親を喪失していくという厳しい矛盾を受け入れなければならなくなる。分離に伴う不安という見方もごく当然のこととしなければならない。

それに対して、子どもの心に自分と母親との間の「関係性」が恒常的なものとして感じられるようになっていくというのであれば、必ずしも母親との分離が子どもの心を脅かさなくてもすむという話にもなってくる。なぜなら、関係性の恒常性ということになると、それは個別の対象イメージとちがって、どこまでも子どもと母親の間で共有された「中間領域」において包摂されることとなり、個としての母子間の分離も、逆に共有された「中間領域」によって包まれた中で体験されるようになると考えられるからである。別の言い方をするなら、分離体験は「関係性という器《うつわ》」の中で穏やかに進行するといってもよいように思われる。

逆説に逆説を重ねるようでわかりにくいにちがいないが、「二人でいながら一人、一人でいながら二人」という逆説的表現の中から微妙に息づいてくる「関係性の器」といった感じをいささかなりとも汲み上げていただけたなら幸いである。そして、さらに、この「関係性の器」といったメタ・センスの延長線上に、実在の母親性を超えた時間の連続性とか空間の連続性といった普遍の母性が展望されるのを感じとっていただけたなら、いっそう幸せである。

ウィニコットは、「一人でいられる能力」という論文を通じて、人と人とがほどよく共にいられることの意味を、さりげなくじっくりと問いただしてみたかったようである。もしかしたら、一九五一年以来重ねてきたクレア夫人との生活を、この頃には「意味ある関係」として確信するに至っていたのかもしれない。

7　ほどよい関係性とほどよいholding

ウィニコットは、これまで紹介してきた「母親の原初的没頭」「一人でいられる能力」といった議論から、一九六〇年、一九六二年になると、「親と幼児の関係に関する理論」「子どもの情緒発達における自我の統合」(注20)という論文を著し、少しずつ考え方を洗練していくことになった。彼は母親と子どもの間に起こっている事柄を小児科医としての経験もふまえて詳細に観察し、子どもの心が母親の育児と「不即不離」の関係で発展していくということを明らかにしてきた。しかし、実際問題としては、「不即不離」のからみ合いをそのまま忠実に汲み上げようとするわけであるから、その論述にはどうしてもわかりにくいといったきらいがあるのは否めなかった。それが一九六〇年から一九六二年になると、母親と子どもの関わりの諸相として整理され、まとめ上げられていったのである。その集約されたものが、「抱っこ（holding）」「あやし（handling）」、そして「対象呈示（object presenting）」といったことになるのである。ここでも、また言葉だけではその意味するところがわかりにくいということになってしまうので、順次、ウィニコットの伝えたかったところを詳述してみることにする。

holdingの意味するところ

まず、holdingについて、彼は「子どもの心が基本的にまとまりをもつ」ことに寄与するといっている。holdingには「抱っこする」という意味のほかに「待つ」「見守る」「保持する」「耐える」「支える」「控える」「思いを抱く」「包みこむ」などといった意味がある。ウィニコットは、母と子の間の健康な関わり合いの場面には、こうした意味のすべてが含みこまれた関係が展開しているとしたのである。そして、こうした関係を通して、子どもは自分の心が一つのまとまりをもっていると感覚できるようになっていくとしたわけなのである。このような話をただ直説的に受け止めたのでは、何となくつまらない、当たり前のことを言っているだけのように感じられてしまうかもしれない。でもほんとうは、彼はこの中でとても微妙な関わり合いのもつ意味を明らかにしようとしているのである。つまり、彼がholdingということで示そうとしたのは、母親が自分の意思に従って子どもを「抱っこする」などといったことではなくて、子どもと母親との間にholdingという「関係性」が成立することが何はともあれ肝要であって、母親がどのように抱っこし、子どもがどのように抱っこされるかということは逆に関係性の原理に基づいて実践されてこそ、はじめて意味あるものになるといったことだったのである。

言ってみれば普通の母親と子どもの間には母と子のそれぞれの意思が介在する以前にholdingという「関係性」が成立しているのが当たり前であって、母親の「抱っこ」のしかたも子どもの「抱っこ」のされ方も、その「関係性」のあり方に従って変化することになるということなのである。そして現実問題としては、子どもが幼い時期にあっては、主体的行為は母親の方から起こされることが一般的であるのだから、母親の方がそうした「関係性」というものにどれだけ適切に「従って」いるかということが、子どもの心の運命を左右してしまうということを指摘したわけなのである。確かに母親の体格と子どもの体質の組み合わせによっては、ちょうどよい「抱っこ」というのは難しい問題になってくるし、母親の気分と子どものきげんとの組み合わせによっても、ちょうどよい「抱っこ」というのは難しい問題になってしまう。要するに、母親が子どもを「抱っこ」しようという時、母親は自分自身の個別的な認識や感覚を超えたセンスによって二人の間に流れている「関係性」といったものをつかみ取っていなければ、適切な「抱っこ」そのものを実現できないということなのである。ウィニコットは、こうしたところを「ほどよい関係性」に従った「ほどよいholding」といったように表現しているのだが、この表現のもっている微妙な意味合いをほどよく受け止めていただけるだろうか。

母子間を流れているはずの「関係性」の連続性の力

このあたりのニュアンスを過不足なく理解してもらうならば、続いてウィニコットが「ほどよいholding の体験を通して子どもの中に根源的な一つの人格としてのまとまり感覚が育つ」と論じていることのほんとうの意味がわかってもらえると思う。つまり、子どもが一つのパーソンとして基本的なまとまりをもったパーソナリティとしての存在性を獲得できていくのは、母親の個別の意思によって愛情備給や積極的な欲求満足が供給されるからではなくて、実は、母子間を流れて貫いているはずの「関係性」の連続性や持続性の力の方なのだということなのである。

こうした観点は、臨床的に重篤な精神病理の出現についても従前とは少しちがった見方を提供する。すなわちこれまでの常識だと、たとえば統合失調様の人格状態は、子どもの先天的な負因に原因を求められるか、ないしは母親の原初的な子育ての失敗に原因を求められるといったのが普通だったのに対し、子どもと母親との「関係性」の絆や器《うつわ》が子どもに対して適切に機能しなかったということが原因であるということになってくるわけである。以前にふれたことがあるウィニコットの母と子を常に合作（つがい set-up）としてみていこうとする姿勢がいかんなく発揮されているといえよう。ただ、実際に母親がこのような関わりを実践していくということになると、けっこう難しいといわざるを得ない。「愛情を注ぐ」とか「いっしょうけんめい世話をする」などというと、現実的、実際的に受け止めてもらえそうなのであるが、「関係性に開かれたセンスに従ってほどよく子どもに接していく」といったのでは、明確な手がかりがないと受け止められてもしかたがないのである。要するに、ウィニコットの実践感覚は操作的技術論にはなじみにくく、むしろ態度的、姿勢的心がけ論とでもいったようなものになってしまうのである。しかし、本格的な臨床専門家の眼からすると、こうした「関係性」に注目した実践的観点は具体的な有用性をもってわれわれを助けてくれるということがわかる。

人格の中核部分に欠損を抱えているような境界例や統合失調の患者さんたちには、愛情ややさしさを注いでも、決して安心してもらえない。反面、距離を置いて冷静に交流を試みたのでは病態をひどくさせるだけである。要するに、操作技術的な関わりは患者さんの中核欠損の哀しみやうらみをいたずらに刺激するだけにすぎないのである。ここで、ウィニコットの観点に立ってみると、新しい実践的な知恵が浮かんでくる。すなわち患者さんが苦しんできたのは、意識や行動で把握することができるような愛情や憎しみにまつわる問題ではなくて、人間関係、とりわけ親子関係において、「ほどよい関係性」の連続性に支えられた経験を味わうことができなかったということではなかったか、ということになるのである。言いかえるならば、こうした患者さんが訴えているのは、感情的、情緒的な体験についての不全感なのではなくて、「関係性」の器とでもいうべきメタ・センスのレベルの体験についての不全感なのではないかというわけなのである。実際、私自身、クライエントとの間で、こうしたメタ・センスを共体験できるようさまざまな工夫をこらしてきており、そうした実例についてはこれまでふれてきたりもしてきた。

一言でいうならば、「ほどよい関係性」に沿った「ほどよいholding」の実現ということになるのだが、このように言ってしまったのではまるで元の木阿弥みたいなもので、またまたウィニコットも、そして私自身もわかりにくいと咎《とが》められてしまいそうである。次の項で、はじめに示しておいたhandlingやobject presentingにふれていく中で、もう少し具体的に述べてみることにする。

8　handling, object presentingと「ほどよい関係性」

handling の意味するところ

holding ということが、子どもの心の基本的なまとまり、つまり、自分が自分として確かに存在しているというセンスを育むという点においていかに重要な役割を果たしているかということについては既述したので、ここでは続いて handling と object presenting の意味するところについてふれてみる。

handling というのも言ってみれば日常語的表現であるがゆえにわかりやすいといえばわかりやすいのだが、ウィニコットがそれでほんとうに何を言いたかったのかということになると、やはりけっこう難しいことになってしまう。handling の基本的な意味は母親が子どもを「あやす」といった行為の局面を示しているといってまちがいない。もっと実際的な言い方をするならば、「なでなでする」とか「トントンする」といったことを表しているといってよいだろう。さらには handle といった原語から考えて、「向きを調整する」ということも視野に入っているとした方がよいかもしれない。いずれにせよ、こうした事柄のすべてが、単に母親からの子どもへの働きかけといったレベルでとらえられてしまうならば、holding の場合と同じように、へたをすると他愛のない日常的な母子関係の関わりといったことですまされてしまう可能性がある。

しかし、ここでもよくよく考えてみれば、「なでなで」や「トントン」という行為自体の中にけっこう難しい問題が秘められているのがわかる。子どもが安らかに眠りにつこうとしている時の「なでなで」と発熱によってむずがっている時の「なでなで」には、おのずから異なった力加減が施されなければならない。強すぎず弱すぎず「なでなで」しなければ子どもは眠りにつこうとはしない。しかも、それぞれのほどよい力加減には明らかな相違があるのである。同じような意味で、気持ちを鎮めようとする時の「トントン」と元気を奮い立たせようとする時の「トントン」には明らかなちがいがなければならない。また、子どもに何かを見させようと頭やからだの向きを変えさせる時、子どもの心身の状態によっては、微妙な注意が必要になるはずである。要するに、母親のほどよいhandlingは、母親の思いと子どもの心身状況の組み合わせによって微妙に決定される、ということなのである。ウィニコットはこうした点を考慮して、人を操作的に「扱う（handling）」時、幼児だけに限らず、その当人にとってのほどよさは行為の主体の側と受け手の側の「関係性」のあり方によって刻一刻と変化するものであるということを主張しているのである。そして、それが「関係性」に従ったhandlingになっていない場合には、「なでなで」のはずが意味のない「サラサラ」や「ゴシゴシ」になってしまうし、心地よい「トントン」のはずが「コツンコツン」や「ドスンドスン」になってしまうとも言っているのである。そしてまた、子どもの気持ちに沿わない「方向調整」は強引な頭やからだの「ねじ曲げ」になってしまうと言っているのである。

ウィニコットによればこうした話は、カウンセリングの場面において治療者の側がクライエントに励ましやいたわりを与えるつもりで関わっていても、それが意味あるhandlingとしてクライエントに伝わるには互いの「関係性」といったものが瞬間、瞬間、測られていなければならない、という話に重なっているというのである。実際、時と場合にふさわしくない handling を受けたクライエントは、前向きに力づけられたと感じるどころか、かえって、ありがた迷惑な操作的扱いを受けたと感じることすらある、ということをわれわれはよく知っている。さしずめ、まだ機の熟していない不登校の子どもに、毎日熱心に登校を促しにいくなどというのはその代表的な例といえよう。

object presenting の意味するところ

ところで、同じような話は、もう一つの object presenting についての議論にもあてはまる。object presenting というのは、もともと赤ちゃんが手を動かして何かをつかむという試みを始めようとしている時、母親がその場面で最も適当と思う物を赤ちゃんの掌にあてがってやるということを意味している。赤ちゃんの側はそれによって、あたかも自分自身が自分の力で自分以外の周りの物を握って扱うことができたと感じることができるということなのである。ウィニコットはこうした母親のほどよい object presenting によって、子どもの心の中に「主体的に関わっていく」という感覚が無理なく活性化されていくとしたわけなのである。こうした話は、のちには、ヨチヨチ歩きを始めた子どもにどのように「手を差し伸べる」のが適切かといった議論にもつながっていく。しっかり手を引いてやりすぎると、子どもはいつまでも自分で歩いたという主体的な実感を抱くことができないし、かといってあまりに遠くから手を差し伸べて声をかけるだけというのでは、何度も転んでかえって一人歩きの意欲を損ってしまうことになってしまいかねない。言ってみれば、一人歩きを始めた子どもにとっては、母親の手は与えられたものにちがいないが、同時に子どもの主観においては、自分自身の一部でなければならないというわけなのである。はじめてガラガラを手にした赤ちゃんにしろ、はじめてヨチヨチ歩きに感動した子どもにしろ、とにかく、母親の絶妙な object presenting によって自分自身がそれをなし得たという実感を味わえなければ、自分が主体的に周りをモノにした、すなわち関わることができたという感覚をもつことはできないということになるのである。

このような子どもの主体感覚を損なわない母親からの object presenting というところでも、やはり、キーワードは「関係性」ということになるのがわかっていただけると思う。ウィニコットによれば、この「関係性」を軸にした object presenting というテーマは、カウンセリングにおいては解釈的応答の技法問題につながるという。解釈というのは精神療法の過程においては、クライエントが自己探索を深め洞察的な自己理解に到達するのを助ける役目をもった治療者側からの働きかけのことである。ウィニコットは、早すぎる解釈はクライエントを依存的にさせるか消化不良を起こさせることにつながり、遅すぎる解釈はクライエントに受けつけられなかったりクライエント自身の自己探索を台無しにしたりすることにつながるという。(注21) また、弱すぎる解釈はクライエントにわかりにくかったり、逆に不安にさせることにつながり、強すぎる解釈はクライエントに侵襲的な気分を味わわせたり、逆に治療者に対して警戒的な姿勢を構えさせることにつながるという。いずれにせよ、ちょうどよい時機とちょうどよい内容の解釈が与えられてこそ、クライエントは、まるでその解釈が自分自身の主体的体験であるかのように受け止め、積極的な自己洞察の糧にしていくということなのである。たとえクライエント理解としては正しい解釈であったとしても、伝える時機と方法を誤ったためにクライエントの破滅的な行動化を招くほかなかったといった例などは、「関係性」といった視点の欠如した代表的な失敗といえるだろう。

合理的思考をはるかに超えた心の営み

以上、ウィニコットの holding, handling, object presenting についてふれてきたが、いずれもウィニコットが、人間関係の関わりにおいて、主体と主体の意思よりも相互の「関係性」の方が優先して実践されて、はじめてほんとうの意味ある関係が展開する、といったことを主張するためのものだったわけである。そこに「ほどよい関係性」といった表現が生まれてくるゆえんがあるわけだが、実際、母親にせよカウンセラーにせよ、こうしたことを常に念頭において実践するということになると大変な課題を背負いこむことになる。その時の子ども、ないしはクライエントの状態を外面内面の両方にわたってよみきっていなければならないし、実践の時機と場合を失しないためにはまちがいのないカンを働かせておかねばならない。そしてさらには、そうした「よみ」と「カン」に従って実行するほどよい「技法」を身につけておかねばならないということになるのである。そしてこうした実践を実際に行おうとするには、自分自身の「よみ」「カン」「技法」が決して独りよがりでないという確信を得るために、自分自身の内面、外面についてのよみ、カンも同時に働かせておかねばならないのである。

このように基本的留意点だけでもけっこう大変であるのに、その実行にあたっては相手と自分の双方についての「よみ」「カン」「技法」を関係の推移に従って刻々と修正していかなければならない。厳密な言い方をするならば、「関係性」の軸に従ったほどよい関わりを行おうとするには、瞬間、瞬間、その場、その場で常に「よみ」と「カン」と「技法」が凝縮して生きたものになっていなければならない、ということなのである。前にも述べたことであるが、ウィニコットはこうしたきわめて究極的ともいえる関わり合いについて、「普通のお母さんと普通の子どもとの間では、ごく普通に実践されていること」といった具合に、こともなげに言っている。しかし、これがウィニコット一流の逆説的主張であることは、彼が幼児に関わる母親を「正常な狂気の状態」と呼んでいることでも明らかである。(注22・23) holding, handling, object presenting にまつわる議論を通して、子育てやカウンセリングの場においては、合理的思考をはるかに超えた心の営みがごく普通に要請されるということを学びとっておいたならば、とりあえずウィニコットの教えに応えたことになると思われる。

9　私はなぜウィニコットの実践論に関心を抱いたのか

私自身、臨床家として、どのような経緯でウィニコットの実践論に関心を抱くようになってきたのかということを、ここで少しばかり紹介してみようと思う。

「クライエント中心療法」との関わり

一九七〇年前後、カウンセリングの勉強を始めた頃、最初に手ほどきを受けたのはクライエント中心療法の技法であった。ロジャーズの三条件と呼ばれる「共感」「純粋性」「無条件の積極的尊重」という治療的態度の体得を目指して、少なくとも週一回程度は、先生や先輩たちの指導のもとで実践のテープ記録・逐語録といったものを素材にして研究会を重ねていったものであった。その当時「その応答は受容的でない」「カウンセラーの対応はもっと純粋でなくてはいけない」などと交わされた素朴なやりとりは今でも耳の底に残っている。この頃の心理臨床の分野では、まだクライエント中心療法しか十分に紹介されていなかったという事情もあり、文字通りの初心の私としては、ただ闇雲に自分のカウンセリングテープ記録を聞き直し、応答の言葉の一つ一つを磨いていくということに腐心していた。ほかのカウンセリング理論を自ら勉強するなどといった積極性もなく、ただただカウンセリング場面での態度だけを洗練していこうというのだから、思い起こしてみれば少し怖い感じもするのだが、それでも私自身、そうした訓練過程の中で自分が何とかクライエントに役立っているという錯覚に陥り始めていたように思う。

ある時、診断的な吟味など無視して引き受けてしまった難しいクライエントとの間で、会話そのものも交わせないほどの関係困難な状況に直面してしまった。その頃の私としては、応答や関わり方をロジャースの三条件に近づけようという目標しかもっていないわけだから、とにかく自分の姿勢が不十分なのだという反省はしてみても、どのようにすれば局面の打開を図れるのかについては何の手だても見出せない有様であった。人間観の裏打ちを欠いた薄っぺらなヒューマニズムが当然迎えるべき限界なのであった。

here and now と there and then

ところが、関係は混乱しているにもかかわらず、当のクライエントは必ず続けてやってきた。浅薄なヒューマニストの私としては、まるでカウンセリング場面そのものが私の人間性の欠如を告発する場でもあるかのように感じさせられたものであった。とにかく何とかしなければいけないのである。

こうした体験を契機として新たに勉強するようになっていったのがメタ・サイコロジーの諸論である。だから、考えようによってはメタ・サイコロジーへの取り組み方自体も、きわめて自分本位といわなければならない。とにかく、今、ここ（here and now）で起こっている事象のほんとうの原因が、実は、過去のあそこ（there and then）で体験されたことの痕跡からきているという考え方が、まるで私に安全な逃げ場を用意してくれているように思えたのである。このような不謹慎な考えはのちになって別の意味の苦悩となっておおいかぶさってくることにつながるのだが、何はともあれ、当時の私としては、主として精神分析の考え方を取り入れることによって治療関係を観察的な視点から眺められるようになっていったのは事実である。治療契約を明確にし、解釈による介入を媒介にして洞察を促すという単純な操作技術主義への傾斜が緊急避難を保証してくれたといってよいかもしれない。

フロイトの著作はもちろん、エリクソンの人格発達論やメラニー・クラインの早期人格形成論まで学んでいくことで、徐々にクライエント理解の枠組みが広がっていった。そして、そうした中から逆転移の分析、さらには自己分析の手がかりすら得られていったような気がしていたものだった。しかし、もともとの動機が動機であるから、ややもすればこうした学びも素朴な歴史還元主義的思考にとどまってしまう傾向をぬぐい去れなかったように思われる。うすうす予感しないでもなかった疑問を、あるクライエントがちゃんと口にしてくれた。「先生、ところで、こんな風に心のからくりが見えることで、そして、過去のいきさつが明らかになることでいったい何が変わるというのですか」と。

簡単に言えば、精神分析療法の大事な核である「現在体験の中で過去を生き直す」そして「表層体験の中で深層を生き変える」という治療転換の機制論が実感的にモノになっていかなかったということなのである。考えてみれば、自由連想も夢も、過去を現在体験の中に繰りこみ、深層を表層体験の中に繰りこむための重要な技法的着眼であったはずなのである。そこでは、いわば、here and there、now and then といった特殊で魔術的な体験が繰り広げられるのであり、だからこそ、精神療法場面という今、ここでの体験の場が、転移、逆転移論によって理解できるようになるのであり、また、心的退行から前進へという歩みも可能になるというものなのである。

しかし、当時の私自身の実際としては、素朴で直線的な合理主義思考に自己救済を見出していたのだから、こうしたことを実感的に把握することは簡単なことではなかった。その意味では、心的経験の魔術性をより明確に伝えてくれているユング心理学の共時性原理やコンステレーション（布置）という考え方にふれることができたことが、自分の枠組みを柔軟にする上で大きな力になったように思われる。どうにか、治療場面でのコミュニケーションの展開に同時・複眼的な姿勢で関与できるようになっていったわけである。(注24)

治る（直す）ことから創造的生き方の展望へ

ところが、ユング派の分析心理学には、精神分析学派のオーソドックスな治療観を突きぬける壮大な思考が包摂されていた。心の中心が深層の自己にまでふれることによって、まるでカタストロフィックな転換をみせるかのように「ここ体験」の有限性を打ち破って普遍の宇宙にまで開かれるかのような生き方を招来することがあるというのである。また、別の言い方をするならば、集合的な過去性にまでふれることで、「いま体験」の時限性を打ち破って永遠の未来にまでつながるような生き方が訪れることがあるというのである。明らかに、ここには治すとか治るといった視点を超えて、創造的な生き方を切り開くといった臨床観が繰り広げられているといえる。合理的因果律モデルから心的意味体験モデルへの転換と呼んでもよいような気がするが、とにかく、一人の臨床家としては、自分の実践の意義や展望を考える上で心身のすみずみまで揺り動かされたことは事実である。

そんな中で出会ったのが、私にとってのウィニコットという次第なのである。

すでにふれたように、ウィニコットもメラニー・クラインの教えを受けて、構造論的な立場や発達論的な立場を踏襲しているところがある。しかし、彼は英国独立派と呼ばれるのにふさわしく、のちになって、遊びのセンスの息づいた治療場面には創造の契機が約束されていると論じるようになるのである。日常性と非日常性の両方の原理がどこか矛盾をはらみながら、しかも共存しているのが遊びの場面であり、その特別の性質のゆえに、here and there、now and then という分析場面の魔術性が実現し、しかも、なお創造的な意味体験までもがそこに展開するようになる、というのがウィニコットの主張になっていったのである。このあたりの彼の臨床論の転回を詳しく論じていくのが本章の今後の主題なのであるが、きわめて簡略に言うならば、ウィニコットの「遊び即、治療」*という考え方の基本には、遊び体験には心をほぐす機能があり、また、遊び体験の行われている場面では、次々と新しい遊びが創造的に展開されていくという、だれもが認めることのできる経験的実感を論拠にしているところがある。（注25・26）

遊び体験を実現するための「ほどよい」関係性

創造的な生き方を切り開くという点からすれば、ウィニコットの臨床論はユング派分析心理学ほど奥深い人間観に裏打ちされているとはいいがたいのだが、少なくとも精神分析学のもつ実在論的拘束か

＊29頁の《補足》の観点からすると、「遊び」と「あそび」を適切に使い分けなければないないが、ここでは翻訳書からの引用なので、「遊び」と表記している。

ら脱却する着想を秘めているという点では、大いに注目に値すると思われる。実際の実践課題としては、「遊びの体験」が息づくために「ほどよい（good enough）関係性」の実現を図るということになるのであるが、このことの人間論的、技術論的吟味を行うことが、その後の私自身の主題になってきている。

ある意味では、はじめは発達論的に母子関係をモデルにして明らかにされようとした諸概念が、のちには、「ほどよい関係性」の実現のための技法的論拠としてすべて流れこんでいくという、学論的展開としてはあいまいでわかりにくいともいえるような論考がウィニコットの特徴なのだが、それでも、そこに流れている実践的着想をうまく汲みとっていこうとするならば、精神分析的精神療法における発達構造論的決定論を超え、だれにとっても重要な弾力的な着眼が浮かび上がってくるにちがいない、と考えるのが私の姿勢なのである。

10　遊び*（play）とあそぶこと（playing）

「あそび、即、治療」論の登場

ウィニコットは一九六七年の論文「文化的体験の場」（The Location of Cultural Experience）という論文の中で、精神療法体験の意義は、心的構造機能の改善といったところに見出されるべきではなくて、患者の心的生活の停滞から創造への転換にこそ見出されるべきである、といった論を展開するようになっていった。そして、その中でそうした創造への契機が「あそび体験（playing）」において切り開かれるとしたのであるが、これが具体的な治療的人間関係論に展開していくのは「あそぶこと――その臨床状況における理論的位置づけ」（Playing: Its Theoretical Status in the Clinical Situation）からである。(注27・28)

彼は、この論文の冒頭で明快に、そして大胆に、次のような論述を行っている。「精神療法は二つの遊ぶことの領域、つまり、患者の領域と治療者の領域が重なり合うことで成立する。精神療法はいっしょに遊んでいる二人に関わるものである。以上のことの当然の帰結として、遊ぶことの起こり得ない場合に治療者のなすべき作業は、患者を遊べない状態から遊べる状態へ導くように努力することである」。

＊「遊び」と「あそび」の表記については、29頁の補足と101頁の脚註を参照のこと。

この簡潔な叙述にウィニコットの「あそび、即、治療」という論点のすべてが集約されているのだが、これだけでは彼の主張するところを十分理解してもらえるとは思えない。なぜなら、一言で遊びと言ってしまったのでは、精神分析においては本能昇華の一形態と位置づけられてしまう可能性があるし、常識的に欲求不満の解消とか衝動の解放といった見方と重ね合わせて片づけられてしまうのが普通と思われるからである。これでは、ウィニコットの治療論は単なるカタルシス論になってしまう。

彼は、この点で自分が注目する「あそび体験」の意味を明確化するために、子どもの遊び場面を引き合いに出してくる。子どもが遊びをほんとうにあそべている時、本能的満足や身体的興奮は主題になっていない、ということを指摘する。つまり、ほんとうにあそべている子どもは、遊びを通じて内的欲動の処理をすることに動機づけられているのではなくて、あそび体験のもつ魔術的からくり、すなわち、内的幻想世界と外的現実世界の互いに折り重なる世界を体験することに動機づけられているとするのである。要するに、ウィニコットは「あそび、即、治療」という論を展開する際、情動体験としての遊びに注目したのではなくて、ここに示したような特殊な体験様式の実現する心的現象としてのあそびに注目したのである。それゆえ彼は、自分が論じようとするのは「遊び（play）」ではなくて、「あそぶこと（playing）」であると述べているのである。

こうした思考の流れからすれば当然のことであるが、彼は、たとえ遊びを媒介とする子どもの治療の場合においてさえも、遊びの内容を直接解釈するという手法はとらない。自分と子どもとの間に、まずはいかにして「あそぶことの体験の場」が実現できるかということに腐心していくのである。この点でウィニコットの治療論は、遊び表現の内容を子どもの心的世界の反映とみて理解の素材としていく一般の遊戯治療論とは明確に一線を画するわけである。

「あそぶことの体験の場」の実現に向けて

そして彼は、こうした考え方の延長線上で、「あそぶことの体験の場」は子どもの心にどのように発生し、どのような変遷をたどって一人ひとりのものになっていくのかについて明らかにしていこうとした。この点についての議論には、先にふれた一九五三年の *International Journal of Psychoanalysis* に掲載された論文“Transitional Objects and Transitional Phenomena”において提示されたillusion, transitional phenomena, intermediate area of experienceといった考え方が援用されることになる。illusionというのは、赤ん坊が、自分の望む対象が実在するということを想像する、ということであった。そして、母親がその想像された対象に相当するものをそこに差し出すということで母子間の交流が始まり、同時に母子間に「交流可能な共有された心の場」が成立するということなのだった。ここでウィニコットは、母子間の原初的な交流の実際を彼独特の視点で明らかにしたのであったが、一九六八年の論文「あそぶこと（playing）」の中では、その「交流可能な共有された場」が「あそぶことの体験の場」のもとの場とされることになるのである。子どもの側のillusionと母親の側の世話（holding, handling, object presenting, reflecting back）は、子どもの成長とともに絶妙なリズムで変遷していかなければならない、というのがウィニコットの主張である。それに伴って共有された体験の場、即ちintermediate area of experienceも当然、質的に変容していかなければならない、ということになる。そして、このintermediate area of experienceが母子間で対等な位置、役割関係で共有されるようになった時、成熟し

た「あそぶことのできる」人格状態という話になるのである。（注29）

ただ、ここでもウィニコットが「あそぶことのできる能力」を、子どもの発達に沿って獲得されていく、などと言っていないのが興味深いところである。彼はのちに、「あそぶことの体験の場」に発展していくことが約束されている illusion と maternal care によって成立している母子間の場を、はじめから「可能性としての場（potential space）」と呼んで、その意義を母子関係の原初的段階から見通しておくように勧めるのである。確かに考えてみれば、全面的に母親の世話になっている乳児を相手にして、実際に母親の側が「あそびの心」をもって関わっていくことは可能である。ウィニコットによれば、そうした母親の側の心がけが、のちのち子どもの心を「あそぶことのできる」状態へスムーズに導くことができるというのである。そして、心理臨床家の心がけもそのようであってこそはじめて、クライエントの心をスムーズに成長に導くことができるということになるのである。

11 「あそぶこと（playing）」と創造的に生きられるようになること

創造的生き方への契機

ウィニコットは、「あそぶこと」の体験がそのまま精神療法的な体験に重なり合うことを主張するようになり、「精神療法とは二つのあそぶことの領域、即ち、患者の領域と治療者の領域とを重ね合わせることである」とまで言うようになった。(注30)

これまでさまざまな角度からふれてきたことだが、彼のこうした着眼にこそ、彼自身の臨床体験の粋が集約されており、また、こうした主張の独創性のゆえに、彼の名は精神分析的精神療法の分野で不朽のものとなっていったと考えられる。多少大げさに言うならば、彼の提示したこのような治療論によって、精神分析学的思考は欲動論的、構造論的枠組みから自由になる足がかりを得たとさえいえるように思われる。つまり、彼は「あそぶこと」の体験の中から創造的生き方への契機が開かれると言うのだから、従前の精神分析学的治療論、つまり、人格の病的機能構造に操作的に手を加えることによって治療転換を導くという医学モデルからは、一歩足を踏み出しているとみなすことができるのである。実際、彼は「遊ぶこと――創造活動と自己の探求」という論述の中で、「治療者が解釈を与え、患者が自分自身についての理解を正しく深めていったとしても患者自身のよりよい生き方につながらない場合がある」と明言している。そして「私たちが助けようとしている人に必要なのは、特殊なセッティングでの新しい体験の方」であることを強調しているのである。

ただここで問題となるのは、彼のいう創造的生き方というものが具体的にどのような経験のことを指しているのかという点である。というのは、一般に創造的というと、芸術的・宗教的営みを連想させ、心理療法的な領野からは多少逸脱しかねない響きをもっているからである。こうした疑問に応えるために、彼は、彼一流の逆説によって次のように論を展開している。「自己の探求をしている人が芸術的に価値あるものを創ることがあるかもしれない。しかし、成功した芸術家は広く世の喝采を受けるかもしれないが、彼あるいは彼女は探し求めている自己を見出すことに失敗している場合があるのである。事実、自己は肉体や心から創り出したものの中には見出せはしない。といって、それらの作品が美、技巧、感動という面で価値がないというわけではない。もし芸術家（どのような分野でも）が自己を探索しているならば、おそらく創造的に生きること全般の分野で、すでにいくつかの失敗をしているといえるだろう。創造を完成させても、基底に横たわる自己感覚の欠如を癒やすことには絶対ならないのである」。

「自分自身を生き生きと生きられる」

逆説的なるがゆえに誤解を招きかねないような表現であるが、とにかくここにはウィニコットの臨床的人間観がうまく凝縮されているといえる。つまり、ウィニコットにしてみれば、創造的に生きるとはほんとうの自分自身を生きられるということであり、創造的な所産をモノにできたかどうかということは少なくとも二の次だと言いたいのである。そして、精神療法における人間関係体験の中で、まず基本的に味わえる創造的体験とはほんとうの意味でクライエントが自分自身の存在性を発見するということである、と主張するのである。自己の発見などと安直にいってしまうと、どこにでもあるカウンセリングのお題目のようになってしまうが、彼は根源的に自己存在の意味性に確信をもつことができていない患者の例をあげて興味深い論述を行っている。

「私が言いたいのは、患者にとって自らが遊ぶ能力、つまり、分析作業において創造的になる能力を認めてほしいというのは、すべての治療者に向けての嘆願だということです。患者の創造性はたいてい知りすぎている治療者によっていとも簡単に盗みとられてしまうのです」。このようにウィニコットは、クライエントの示す無目的状態、無定形な様相といったものに逆に温かい眼差しを向けようとする。「患者は一見無意味な表現をしているようであっても、実は、そうした無意味な表現体験に付き合ってくれる治療者の存在を望んでいるということができるのです。こうした時、治療者が無意味の中に何らかの意味ある筋道を見出そうと急ぐならば、患者は治療者に無意味を伝達することに無力感を抱いてしまうため、そのような「無意味」体験の領域から離れてしまうのです」。もちろん、ここにふれられている無意味という表現が通俗的な意味での無意味ということを意味していないことはすでに自明のことだろう。のちに改めてふれることになるが、ここでウィニコットの言っている無意味を「他意のない無邪気」といった風に置き換えてみるならば、それが「あそび」、とりわけ子どもがしばしば体験している意味ある無意味としての「あそび体験」というところに通じるということがわかってもらえると思う。ウィニコットは、いささか皮肉をこめて次のようにコメントしている。「治療者がともすれば無意味のあるところに意味を見出そうとして創造的な広がりの約束されている無意味をはらんだ休息の好機をのがしてしまいがちです。才気のある分析家になろうとして、また、混乱の中に秩序を見出そうとして、そうした過ちを犯してしまうのです」。

結局のところ、こうしたクライエントに対する治療者の役割は、そこに居続けクライエントの体験をそのまま見守る、というところに第一義的着眼点が置かれていなければならないということになる。そして、治療者がそうした姿勢を貫き続けているならば、患者は、自分の無意味表現も体験そのものとしては意味があると感じることができるようになり、文字通り自分自身の力で自分の「意味存在性」に目を向けることができるようになっていくということなのである。ウィニコットに見守られ、ウィニコットの姿勢に照らし返された（reflect back）患者は、セッションの終わりになって次のように言っている。「自分自身を探し求めているのをやめたくないし、ただ存在しているだけではいやです。そう、今言えるのは、探し求めているということ自体が自己の存在していることの証しなのです」。

この患者の言葉を通してウィニコットが「創造的に生きられる」という時、あくまで「創造的に生きられる」という体験のあり方そのものを強調しようとしている、ということがわかってもらえるのではないかと考える。いわば「自分自身を生き生きと生きられる」とでも言いかえた方がよいように思われるくらいである。しかし、彼が、臨床実践的人間関係論において「あそぶこと」の体験の意義を説いていく中には、ここで紹介した無意味体験の有意味性という逆説にとどまらない、さまざまな着想が認められるようになっていく。続けて、そのあたりを明らかにしていくことにする。

12　「あそぶこと（playing）」と第三の体験世界

前項で述べたことは、次のような一言に集約することができる。「あそぶことは一つの体験、しかも常に創造的体験なのであり、そして生きることの基本的形式である時間・空間の連続体における体験である」。このような観点から、「あそぶことはそれ自体が治療であるということを常に念頭に置いておくことは価値がある。つまり、子どもをあそべるように調整してやること自体が直接的、普遍的な応用性をもつ精神療法なのである（注31）」という考え方が導かれるのである。

こうなると、精神病理的状態の起こってくるからくりも、独特な筋道でとらえられることになる。つまり、子どもないしは人というものは「あそぶことの体験」がうまく行えない時、精神的破綻状況に陥るのである、と。実際、ウィニコットはこのような視点に立つことを主張するのだが、しかし、現実問題としてあそびということを常識的にとらえてしまうと、あそべる、あそべないということでどれだけのことが説かれているのかわかりにくくなってしまうにちがいない。このあたりのウィニコットの思考を十分理解しようとするならば、かなり複雑な解説を加えなければならない。そもそも、子どもが遊びをあそびとしてあそべるようになるのは、客観的にみればかなり長じてのちのことなのだから。

ここでウィニコットの思考をよりよく理解するために、前に少しふれておいた「体験可能性の約束された心の場――潜在空間（potential space）」の話を思い起こしてみてほしい。ウィニコットが「可能性としての場（potential space）」と呼んだ体験の場とは、母子間の絶妙な交流が実現していく象徴的な意味での空間領域のことであった。実際、改めて子どもの原初の体験感覚にそのまま心を重ねてみるならば、授乳体験にせよ身体的な世話にせよ、それが（外の）母親によるものであると感じとることは不可能なのであって、またその一方でそれらを内的経験として体験することも不可能であるとわかるはずである。

要は、母子間に「潜在的に可能性として（potential）」横たわる象徴的な意味での体験の中間領域（intermediate area of experience）での体験が本源的であるということなのである。一般論でいえば、心の生成は内的経験から外的経験へと発展していくというのが常識である。それに対して、ここに紹介したウィニコットの視点に従うならば、心の生成の原点は内的でもなければ、外的でもない間の関係体験に端を発しているということになるのである。そして興味深いことに、こうした内的でも外的でもない体験は、こうした原初的時点に始まって以降、成長してのちもちゃんと生き続けることになるということなのである。もはや言うまでもないことだろうが、この内的でも外的でもない体験こそがウィニコットのいう「あそぶことの体験」そのものなのである。ここまできてウィニコットは、一般的な心的発達形成論に対して、大胆かつ劇的な見方の転換を促すようになる。つまり、彼の観点によれば、「だれもが心は内的過程から外的過程へと成熟発展していくと考えているが、実は外的でも内的でもない過程、即ち心の『第三の過程』こそが基本的な体験軸を成しているのであり、内的世界も外的世界もそうした第三の体験過程から分化峻別させて実体化していくものなのである」という話になってくるのである。つまり、彼のあそぶことをめぐる論議は、ほんとうのところは心的形成過程についての常識的な二分法を止揚して超えていく試みになっているのである。

結局のところ、ウィニコットは、かの“Transitional Objects and Transitional Phenomena”(注32・33・34)においてはじめて着目した心の中間的体験の意義を、当初の「発達的橋渡し機能」の位置から、心の普遍的・中軸的位置へと移してしまったわけである。彼自身、自分の術語を体系づけて説いているわけではないのでどうしても理解が錯綜しがちなのであるが、とにかく「中間領域（intermediate area of experience）」「移行対象経験（transitional object relationship）」「第三の体験領域（the third area of experience）」「潜在的可能性空間（potential space）」「illusion」といったような着眼は、「あそび、即、治療」といった考え方を説くこの段階に至って、それぞれすべて人間の本来的に主体的な体験過程を支えるものとして、一貫的に束ねられることになるのである。

ところで、ウィニコットが、「ほどよい（good enough）母親」というものは子どもとの関わりにおいて絶妙なズレをも実現するものであると指摘しているのは興味深い。確かに、育児の上で「ほどよく失敗できることが子どもの体験感覚に主体感覚を育んでいくことになる」と言われると、なるほどと思う。母親自身の子どもへの関わり感覚の中に「ほどよい（good enough）」「あそびの心（playing）」が具わっていなければならないゆえんである。

13 「関係性の体験」を心的経験の基軸と考えるウィニコットの心の見方

前項で、ウィニコットが心の体験領域には幻想世界と現実世界という二種類だけではなくて第三の領域のあることを主張した、と述べておいた。第三の体験領域とは、すでに紹介したことのある"transitional experience"の展開する世界、illusionによって体験化される世界、そして、「中間領域（intermediate area of experience）」に重なり合う世界である。そして、ここできわめて注意深く銘記しておかなければならないのは、ウィニコットが「あそび論」を柱とする臨床論を展開するようになってからは、「心の第三領域」こそが心的世界の本質的中核を成すものであり、実は幻想世界も現実世界もこの第三領域の体験から分化して形成されていくものであると主張するようになっていったという点である。そしてこうした心の「体験の第三領域（the third area of experience）」が実際に体験化されていくところが、母親と子どもとの間に横たわる「ポテンシャルスペース（potential space）」であるといったのである。言ってみれば、母親と子どもとの間には子どもの誕生によって具体的に交流が始まる以前から「約束の場としての関係体験の領域」「可能性としての関係体験の生じる領域」といったものがアプリオリに「実在している」という見方を展開したのである。

言いかえるならば、子どもの心の形成は母親からの意志行為に始まるのでもなく、子どもからの意志行為によって始まるのでもなく、両者の間に可能性（potential）として横たわっているはずの意味空間、すなわち「体験の第三領域（the third area of experience）」の導きによって「関係体験」が生起していくがゆえに、おのずから母子交流という体験が現実化していくとしたのである。

考えてみれば、精神分析学にとどまらず、一般の心理学においても、人間の心的経験は自分本位の幻想的体験に始まり、やがて認知感覚機能の発達に伴って外界をありのままに認める現実的体験が開かれていくとするのが当たり前になってきているから、このウィニコットの主張の意味を理解するのは、そう簡単なことではない。実際、ウィニコット自身もかつて“transitional object relationship”や“transitional phenomena”“intermediate area of experience”を論じた頃には、transitional も intermediate も共に幻想世界と現実世界を橋渡しするとか、幻想世界と現実世界の重なり合ったところに広がるといったように理解していたわけだから、言ってみれば、彼自身の思考が、このあたりで半意識的にコペルニクス的転回を見せているわけなのである。今でも、合理科学的発達観や、素朴な二分法的思考法にしばられた者には、このあたりのウィニコットの理論的転換の意味が十分受け止められているとはいいがたいのであるが、実際問題として、「体験の第三領域（the third area of experience）」こそが人間の体験世界の第一の根幹なのである、ということの意味が実感的に把握されていなければ、「あそび心の息づいた心の状態」を究極的な治癒像ないしは健康像とするウィニコットの臨床的到達点が、十分には理解されにくくなってしまうにちがいないのである。

ウィニコットのこのような心の体験に対する見方の変遷を整理してみると、一九五一年に始まる「移行現象（transitional phenomena）」が体験化する「中間領域（intermediate area of experience）」は、ここに紹介してきたような議論の経過をたどって「内的世界から外的世界への橋渡しの場」といった位置

図1 「ウィニコットが考える心の仕組み」についての理解

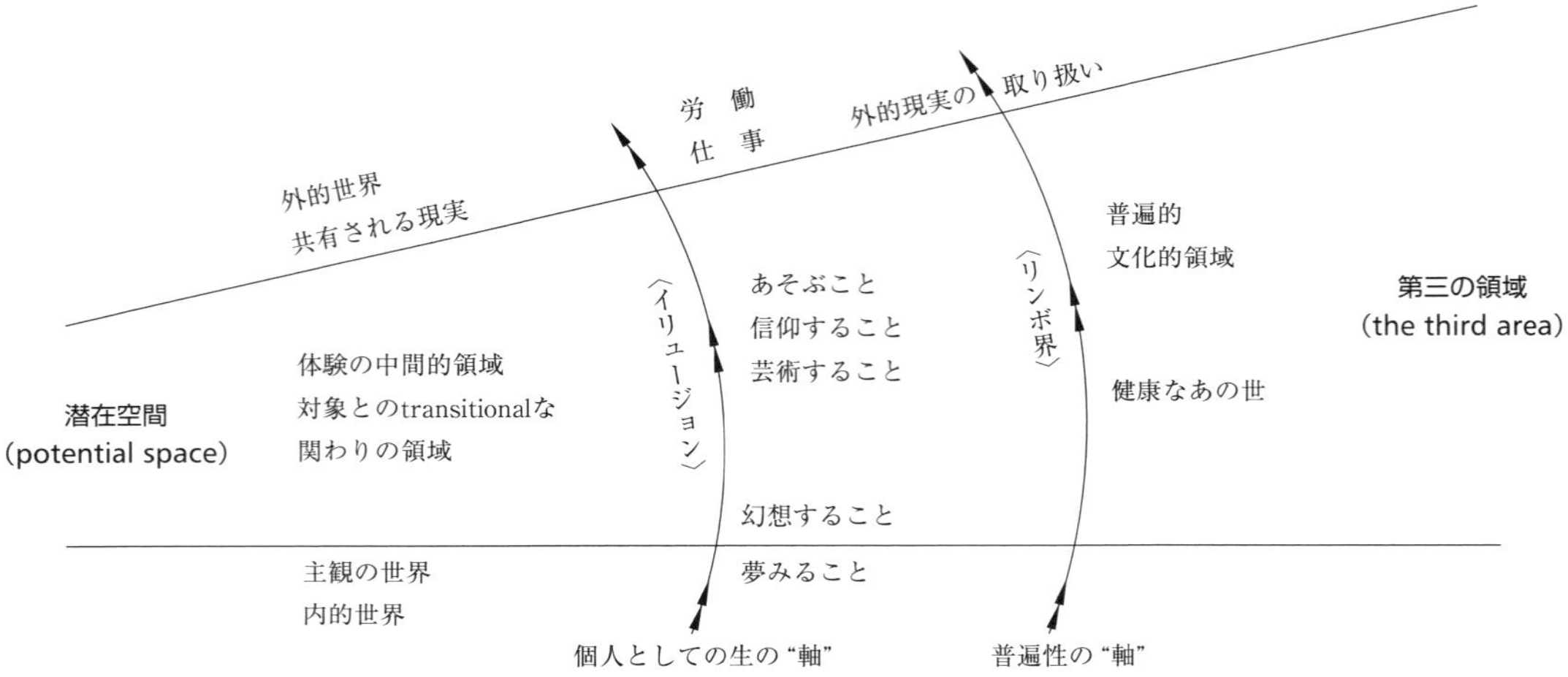

づけから、人にとって「はじめから約束されていた体験の領域（potential space）」（潜在空間、また可能性空間ともいう）という位置づけに転じ、「本能欲動から現実世界へという自我発達の軸」から独立した「体験の第三領域（the third area of experience）」という独特の意味をもつ体験世界の広がりに重ね合わせて考えられるようになっていったということなのである。

ここに至ってウィニコットは、図１に示すように「イリュージョン（illusion）」に支えられた「体験の中間領域（intermediate area of experience）」を基軸として「ポテンシャルスペース（potential space）」から「体験の第三領域（the third area of experience）」へと広がっていく「体験のトランジショナル領域」こそがあらゆる意味体験の生じる場とする心の仕組み観に到達し、この体験の延長上に「あそぶこと（playing）」「信仰すること」「芸術すること」といった「文化的体験（cultural experience）」まで展望して、その彼方の「リンボ界（limbo）」という着眼のもと「普遍的文化的領域」をも見通すようになっていったとまとめることができるのである。(注35)

なお、図１はウィニコットの研究（一九五二年）を参照しながら、川上（一九九五年）が、「ウィニコットが考える心の仕組み」に関する考え方を図示したものである。

《第2章◆注・文献》

(注1)Newman, A., *Non-Compliance in Winnicott's Words: A Companion to the Writings and Work of D.W.Winnicott.* Free Association Books, London, 1995.

(注2)ウィニコット、D.W. 著、橋本雅雄訳『遊ぶことと現実』(「現代精神分析双書 第Ⅱ期第4巻」)岩崎学術出版社、一九七九年

(注3)スィーガル、H. 著、岩崎徹也訳『メラニー・クライン入門』(「現代精神分析双書 第Ⅱ期第1巻」)岩崎学術出版社、一九七七年

(注4)クライン、M. 著、松本善男訳『羨望と感謝』みすず書房、一九七五年

(注5)クライン、M. 著、西園昌久、牛島定信編訳『愛、罪そして償い』(メラニー・クライン著作集3)誠心書房、一九八三年

(注6)Winnicott. D.W., *Collected Papers: Through Paediatrics to Psycho-Analysis.* Tavistock Publications, London, 1958.

(注7)ウィニコット、D.W. 著、橋本雅雄監訳『子どもの治療相談1』、岩崎学術出版社、一九七六年

(注8)(注6)Winnicott. D.W.(1958)と同じ

(注9)ウィニコット、D.W. 著、北山修監訳『児童分析から精神分析へ』(「ウィニコット臨床論文集Ⅱ」)岩崎学術出版社、一九九〇年

(注10)(注6)Winnicott. D.W.(1958)と同じ

(注11)(注2)ウィニコット、D.W. 著、一九七九年と同じ

(注12)(注9)ウィニコット、D.W. 著、一九九〇年と同じ

(注13)(注6) Winnicott. D.W.(1958)と同じ
(注14)(注2)ウィニコット、D.W. 著、一九七九年と同じ
(注15)(注9)ウィニコット、D.W. 著、一九九〇年と同じ
(注16)フェアベーン、W.R.D. 著、山口泰司訳『人格の対象関係論(人格の精神分析学的研究・上巻)』文化書房博文社、一九八六年
(注17) Winnicott. D.W. (Winnicott, C., Shepherd, R., Davis, M. eds.), *Psychoanalytic Explorations*. Karnac Books, London, 1989.
(注18)(注2)ウィニコット、D.W. 著、一九七九年と同じ
(注19)ウィニコット、D.W. 著、牛島定信訳『情緒発達の精神分析理論——自我の芽ばえと母なるもの』(「現代精神分析双書　第Ⅱ期第2巻」)岩崎学術出版社、一九七七年
(注20)(注19)ウィニコット、D.W. 著、一九七七年と同じ
(注21)(注2)ウィニコット、D.W. 著、一九七九年と同じ
(注22)(注9)ウィニコット、D.W. 著、一九九〇年と同じ
(注23)(注6) Winnicott. D.W.(1958)と同じ
(注24)河合隼雄『ユング心理学入門』培風館、一九六七年
(注25)(注2)ウィニコット、D.W. 著、一九七九年と同じ
(注26) Winnicott. D.W., *Playing and Reality*. Tavistock Publications, London, 1971.
(注27) Winnicott. D.W., The Location of Cultural Experience. *International Journal of Psychoanalysis*, 48, 1967.
(注28) Winnicott. D.W., Playing: Its Theoretical Status in the Clinical Situation. *International Journal of Psychoanalysis*, 49, 1968.
(注29)(注2)ウィニコット、D.W. 著、一九七九年と同じ

（注30）（注2）ウィニコット、D.W. 著、一九七九年と同じ
（注31）（注2）ウィニコット、D.W. 著、一九七九年と同じ
（注32）（注6）Winnicott. D.W.（1958）と同じ
（注33）（注9）ウィニコット、D.W. 著、一九九〇年と同じ
（注34）（注2）ウィニコット、D.W. 著、一九七九年と同じ
（注35）川上範夫『移行現象論――ウィニコット理論からよみとる「関係体験論」への転換』（小此木啓吾、妙木浩之編『精神分析の現在（『現代のエスプリ』別冊）』）至文堂、一九九五年

第3章　「関係性」からみた発達障がい

発達障がいは、今日、多くのところで問題とされる事象になってきている。子どもの問題行動を見ると、今では、まず発達障がいという名前をつけてみようとするくらいである。加えて最近では、会社の若手の中に独特の個性をもって周りを巻きこんでしまうといった例も見られるようになってきている。

この発達障がいを脳の微細な障害と見るかどうかは議論の分かれているところである。私は発達障がいと呼ばれた子どもへの関わり経験から、彼/彼女たちを脳の障害の所有者とみることにあまり意味がないように思っている。いわば、社会へのスムーズな歩みこみにつまずいた者といった見方で関わっている。この見解の中軸となっている子どもへの対応経験を報告する。

まずは、発達障がいをめぐる臨床学的状況についての学術的議論から始めることにする。

1　関係性の観点からみた発達障がいの問題

「発達障がい」の流行

昨今、「発達障がい」、ないしは「軽度発達遅滞」という用語はきわめて多方面で取り上げられる。医療や教育の場面だけでなく、広く社会問題にまでなってきているといっても過言ではない。小学校、中学校、高等学校で教育指導の困難なケースにあたると、発達障がいではないかという議論になる。それ以前に、育てにくい子ども、落ち着かない子ども、言葉の遅い子ども、しつけが入っていかない子どもなどというと、親たちのみならず子育て支援の専門家たちも、すぐに発達障がいではないかと疑うことになってきている。青年期を過ぎても働くことになじむことができない若者、すなわちニートとか社会的ひきこもりといわれるような人たちについても、その中の少なくとも一割以上は発達障がいを抱えているのではないかという指摘がされる。さらには、近年、社会問題化しているいじめ事象の背景に発達障がいを有した子どもたちに対して無理解ゆえの排除・攻撃を行うケースが含まれているのではないかということが議論されてきている。また、別の意味で記憶に新しいところであるが、出身学校の先生を殺害した例、自宅に放火した例といった少年事件において、当の少年たちが発達障がいに該当するという判定を受けたと伝えられている。

ところが、「発達障がい」ないしは「軽度発達遅滞」といっても、そもそもどのような状態のことを指しているのか、そして、障害という医学的な傷病名を付されているという点からするならば、いったいどのような症状を有することをいうのか、また、そうした障害の人たちはいったいいつ頃から出現し、いつ頃から数多く見られるようになってきたのか、さらには、もし病気というならば医学的観点からの原因論はどこまで明確にされていて、治療的方法はどのように確立されているのか、といった諸点について明確な見解が共有されているとはいえない。

まず、発達障がい、ないしは軽度発達遅滞という呼称で把握される問題事象は専門的には「高機能広汎性発達障がい」(注1)と呼ばれる一群のことである。ここで、「高機能」と「軽度」はほぼ同じ意味で使われ、認知能力の著しい遅れが認められない、ということを示している。従来、発達上の問題というと一般的に、認知行動面の遅れが前面に表れて生活上に支障をきたしているといった理解が主軸であったのに対して、「発達障がい」ないしは「軽度発達遅滞」では、知的な遅れを伴わないで、行動面では適応を維持できないといった特性を示すという点が強調されている。

発達障がいをめぐる学問的な問題点

ところで、障害というと、いわゆる医学における「傷病名」ということになる。これまでの研究をみると、一応、「脳障害」または脳の「機能障害」を病原としているかのように位置づけられている。実際、厚生労働省によって二〇〇五年に施行された「発達障害者支援法」によれば「発達障害とは自閉症、アスペルガー症候群その他の広汎性発達障害、学習障害、注意欠陥多動性障害その他これに類する脳機能の障害であってその症状が通常低年齢において発現するもの」(注2)とされている。脳科学領域の発展も相まって、あたかも器質障害が客観的に確認されたかのような受け止め方をされてしまう例といえる。しかし、滝川が「発達障害の分類や診断はあくまで『行動』に立脚したものであり、脳・中枢神経系の所見に立脚してカテゴライズされたり診断されたものではない」と言い、専門的には「発達障害と定型発達の間にクリアな線は引けない」という主張が有力な見解になっている。滝川はこうした学問的問題点の指摘を行うとともに脳障害論にも言及して「そもそも、（客観的に）『脳障害』の所見を特定して『発達障害』の診断をしているわけではないのに『脳障害』と呼ぶのはさすがに気がひけて『機能障害』とか『機能不全』という『曖昧』な表現に言葉を濁しているのだろうか」（注３）と言っている。ただ、「それでも脳障害論、脳機能障害論が根強いのは、発達障害を『親の育て方や親子関係や愛情の問題のせい』とみなす社会的偏見を排除するには『脳の障害のため』とするのがよいという社会的（政治的）な暗黙の顧慮が働いているためでもある。脳障害を否定することは発達障害を環境や子育てのせいにすることにつながり好ましくない（からである）」（注４）と述べている。

こうした脳障害論の歴史を改めてたどってみると、いわゆる発達の問題に関して器質障害論をもちこむことの問題点が浮かび上がってくる。星野の指摘によれば、「かつて自閉的傾向を有した事例に対してMinimal Brain Damage（微細脳『損傷』）という用語がいったん使われるようになった。が、一九六二年から一九六三年にかけて微細脳『機能障害』（Minimal Brain Dysfunction）という言葉が適当である、とされた。しかし、『損傷』から『機能障害』と呼称を改変したといっても、結局、ＭＢＤ（微細脳機能障害）の原因は決して単一のものでなく、いくつかの原因が複雑に重なって……（アーノルドによれば）遺伝素因、脳損傷、中毒、感染症、放射線その他の物理的要因、アレルギー、栄養障害、環境刺激の不適正、情緒的ストレスなどのさまざまな要因が重なり合って、これらがある『高さ』に達した時、水差し（あるいは水圧ポンプ）からあふれるようにＭＢＤ症候群として現れるものである、とされた」[注5]。このような議論の経緯からわかるように、発達障がいについての器質障害の観点、脳障害の観点というのは、実は、心理行動現象について身体性の因果メカニズムを求めて医学的科学性を担保しようとする試みになっているといってよい。ひるがえって心理的な機能現象をそのまま直接的に理解しようとする立場に立つと、この脳障害原因論の問題点は「発達概念や障碍概念を個体論的に考えるのか、関係論的に考えるのか」[注6]といった根本的疑問の提示にもつながってくる。こうした事情を反映する形で、実践論の観点からは、小林隆児、大久保久美代が発達障がいに対して「関係欲求をめぐるアンビバレンス」の存在を問題理解の中心にすえて関与し、「関係発達支援」を柱として人間関係を通じた療育的援助を展開していくよう主張している[注7]。

結局、発達障がいについて「脳科学は個体の脳内で起きている物質過程を扱っているのに対して、人間の精神現象は脳の外に広がる社会的（共同的）・関係的な世界において生起する現象を本質とするのであり、その意味では発達障害についてでは、まさにその社会性（共同性）や関係性において遅れを示すものが大きな割合をもっている」というのがほぼ妥当な見解とすることができそうである[注8]。私自身、発達障がい、とりわけアスペルガー、注意欠陥多動性障害といわれてきた子どもに対して、対象関係論的人間関係実践の立場から自分なりの関わりを行ってきている。次項でその実践について紹介してみることにする。

2 発達障がいといわれる子どもとの関わり経験——教室の中のやりとり❶

前項で示した発達障がいといわれる事象に対する見解に基づいて、発達障がいと呼ばれた子どもとの直接経験を紹介してみたい。

ある小学校の五年生のクラスにて

ある小学校の五年生のクラスに臨床心理専門家としての依頼を受けて出向いた時のことである。発達障がい、なかんずく注意欠陥・多動性障害（ADHD）、アスペルガー障害という診断を受けているとされている男の子がいた。教室に行ってみると一目でその子がどの子かわかった。机の列からいえば中ほどのあたりで、かなり体格のよい子が、明らかに落ち着きなく周りに手を出したり話しかけたりしている。周りの子どもたちは迷惑そうではあるものの、時間経過の中で慣れてしまっているのか、自分の机の上にその子の手が来ると払いのけてみたり、話しかけられたらことさらに無視したりといった対応をしている。当の男の子は、身体を静止することができないようで、座っている椅子をガタガタさせるものだから、机の上の教材や文房具が床に落ちて散乱してしまっている。もちろん、その男の子はそれを気にする様子もない。しばらく見ていると、気持ちの集中が途切れたとみえて、立ち上がって教室内をウロウロし始めた。そして、何人かのほかの子どもの席へ寄っていって机の上の物にさわってみたり話しかけたりする。ここでもほかの子たちはことさら反応しないように努力しているように見える。私や管理職の先生方が教室の後ろに立っているという特別な空気になっているということには全くお構いなしである。担任の女性の先生は、いつもはその子どもに授業中、大声で注意を与えているとのことであったが、当日はわれわれが参与しているので直接の介入を控えておられるようであった。それでもほかの子どもの席へ歩き回り始めると、「……君、自分の席へ戻りなさい」と指示をされた。当のその子は落ち着かなくて気が散っているのにちがいないのであるが、先生のその指示の声はちゃんと耳に入れている感じであった。一瞬、先生の方に眼を向けたかのような素振りを見せて、次の瞬間にはその指示の声にお構いなく同じウロウロを続けていく。

小学校に入学後、ずっとこうした行動は続いているとのことで、はじめ、先生方は性格のゆがんだ反抗的で授業妨害をしたがる子どもなのではないかと考えて接していたとのことであった。担任になった先生は、ちゃんと椅子について勉強するよう注意をしたり叱ったり、それでダメならなだめたり厳しく言って聞かせたり、とあの手この手を駆使して指導を試みてきたとのことであった。先生方とすれば、理解力や判断力が不十分でそのために落ち着いた行動がとれないということであれば、それはそれで指導上、特別な配慮を行うことによって補充していくことも可能と考えられたのであったが、この子の場合は、落ち着きなく動き回っていても先生の言っていることは耳に入れていて、少なくとも言葉の上では受け止めて理解しているにちがいないと認められるがゆえに、かえって指導が難しいと感じられるということなのであった。

実際、教室の中で直接観察していて、先生の声かけが届いていないわけではなくて、あえて言うならば、子どもの中で先生の指示に従うという仕組みがうまく働いてくれないがゆえに、結果的にそれまでの流れのままに自分流の行為を継続するということになっているのではないか、といった印象であった。

ある意味では皮肉なことと言わなければならず、先生のいうことを耳に入れて理解できているということを立証するかのような話であるが、当の子どもは、先生の教科指導のための語りかけに対して、時々、突拍子もなく大きな声で介入の声を発するのである。しかもその一声の内容は先生の語りかけの筋から外れていないのである。このあたりが従来から知られてきた発達の遅れとか精神遅滞といった問題事象とは異なるところであって、いわゆる「高機能発達障がい」とわざわざ「高機能」という呼称を冠するゆえんになっているのであるが、教育現場の感覚からすると「単なる遅れでもない」、かといっていわゆる「性格のひずみというのでもない」ということになってくると、実は、先生方、すなわち教育界がこれまで蓄積してきた指導方法のレパートリーから微妙に外れてしまうことになってしまうがゆえに、こうした子どもを直接担当することになった先生方の多くが自分の手法の通じなさに対してもどかしさややりきれなさを感じてしまうことになってしまわれる、ということなのである。

子どもが教室から飛び出していき…

とにかく私は、臨床心理専門家として、教室の授業進行の邪魔をしないよう心がけながら、中腰の姿勢でその子どもの席に近づいていった。彼の横にたどり着くと、膝立ちになって彼の顔より低い位置から言葉かけが可能な体勢を整えた。教室のほかの子どもたちは、彼自身から手出しをされても反応しないようにしていた努力の延長であるかのように、私が机配置の中ほどまで入りこんでいってもことさらに気がつかないかのような空気を維持しようとしてくれた。もちろん当の子どもは眼の横にある私の顔を見て怪訝《けげん》そうなうっとうしそうな表情になった。私はひそひそ声で「おはよう」、「おじちゃんは臨床心理士のカワカミといいます」「キミの名前は?」「……君だっけね」と話しかけた。彼の最初の反応は「なんなん(何なん)」であった。私は「カワカミという名前のおじちゃんよ」と応じた。次の彼の言葉は「うっとうしいな、おっさん、なんやちゅうねん」であった。関西弁で、ほぼ「邪魔だから目の前から消えろ」を意味する通告である。

彼が教育指導困難であることは彼の入学以来続いているわけであるから、私の訪問以前にも管理職の先生はじめ、さまざまな関係者が彼に向けて迫っていったことがあったであろうということは想像できるわけであって、その意味では彼からすると「また変なのが来た」といった感じなのだろうと思われた。そこで、私は、表向きでは彼の言にお構いなく「あのな、おじちゃんは心理学の専門家やねん。キミが教室で難しい子やから、何とかしてほしいと言われてきたんよ」とささやいた。彼は少し私の顔を見下ろすような体勢から、ほぼ普通に大きな声で「うるさいな」「あっち行きや」、そして「ほっといて」と応じた。予想通りの反応に「そやな」と小さくつぶやきながら、私は「あのな、そやけどほっとけへんねん」「おじちゃんな、キミのこと何とかせなあかんねん」「キミのためにも何とかせなあかんねん」と小声で語りかけた。こうしたやりとりが周りの子どもたちに聞こえないはずがないのであるが、だれも特別、反応しない。教室の中は、先生の授業を進める声と子どもたちがそれに応じる態度とで、無事に進んでいく。こうした雰囲気から、私は周りの子どもたちが、私と当の子どもとの関わりが意味ある展開になっていくよう祈ってくれているのではないかといった感じがした。そう感じた瞬間、それまでいろいろ手出しをされたり邪魔をされても、子どもたちが皆そのままやり過ごしているかのように見えていたのが、実は、ただ無視したり無関係を装っていただけなのではなくて、彼らなりに思いやりのセンスをもって彼に接してきていたのではなかったかと思えたものであった。

とはいえ、医師から「注意欠陥・多動性障害（ＡＤＨＤ）」「アスペルガー障害」というレッテルを貼られた彼が、そのまま私との言語交流に応じ続けてくれるわけがない。

何か意味のわからない叫び声を発して、突然立ち上がり、驚くほどの速さで廊下へ飛び出し、校舎の端に向けて脱兎のごとく走っていった。私はあわてて追いかけていくことになった。追いつき、後ろからしがみつき、抱きかかえ、バタバタと私の腕を振りほどこうとする彼を文字通り抱き上げて教室へ戻り、席に押しつけた。このような、彼が飛び出して走り出す、私が追いかけてつかまえて抱きかかえて戻る、といった展開は、その後何回も繰り返された。教室の後ろでは校長先生はじめ関係の先生方が子どもと私のこうしたやりとりを心配そうに眺めておられる。でも、一見不毛のように受け止められかねないこうしたやりとりを体験している当の私としては、息を切らせて追いつき、抱きかかえて教室に戻すという繰り返しの中で、何かしら、彼とのつながりのようなものが芽生えていくのを感じていったものであった。

3　健康なぶつかり合い──教室の中のやりとり❷

追いかけてつかまえて連れ戻し、また追いかけて…

心理臨床実践においては対象の心理・行動に対する理解とその改善に向けての関与の方法が密接に関わり合っている。いわば、表裏一体の関係にあるといってもよい。

ここまで議論してきている発達障がいといわれる問題について、私の考えとしてはこれを病的形成の表れとするよりも、生来いささか個性的傾向が強かったはずの子どもたちを、社会生活に十分なじませる育て方をしないままに過ごしてきてしまったために、子どもたち自身にとっても不本意なままに、社会性の面でのコモンセンスが形成されないままの心理行動特徴を示すに至ってしまった者たちという見方をしてきている。こうした理解を実証的に裏づけるには、実際に日常生活に関わるコモンセンスの獲得形成不全を補うべく、専門的で適切な人間関係体験の供給を行うことによって子どもの状態が改善されていくという実際例をあげなければならない。

このような意味で、紹介を始めた小学校五年生の子どもの例の続きを述べていきたい。

当の子どもが教室から飛び出していき、それを私が追いかけてつかまえて連れ戻し、その子どもの席へ座らせるという息の切れるやりとりは、午後になる頃には少なくともすでに一〇回以上を数えていた。学校を訪問することを引き受けた時から覚悟していたこととはいえ、文字通り体力が必要だった。ただ、何度もこうしたことを繰り返していると、予想通りというか、案の定というべきか、子ども自身が飛び出すことに少しずつ飽きてきたのではないかな、といった感じがしてきた。こうした私の感じの一方で、子どもの横顔をのぞいてみると、何度飛び出しても間髪をいれずに追いかけてきてつかまえて連れ戻すということを文字通り当たり前のように繰り返す私の行動に、子どもの方もだんだん呆れてきたような表情を浮かべるようになってきた。

ウィニコットに言われるまでもなく、子どもの基本的社会性を育てる時期にあってしつけを試みようと考える母親は、繰り返し繰り返し何度も同じことを伝え続ける。実際、そばで見ていると、子どもの側が飽きるのではないかと思われるほど同じことを口にする。そして同じことをさせようとする。子どもは母親からのある意味では執念とでもいえるような辛抱強さに気圧されるかのように、母親の言いつけ、しつけを受け入れていくというストーリー展開になるのである。あえて別のうがった見方をするならば、こうした運びの中で、子どもはいわば母親からの呆れるほどのしつこさにまいってしまって、自分の中にある欲動をとりあえず退却させて、表面の行動として、当面、母親の言う通りにしてみようということになるのではないかと想像されるのである。考えてみれば、基本的生活習慣とか、社会性訓練とか、身辺自立に関わるコモンセンスといったような生育上の課題は、もとよりその時その場の子どもの理解や了解の範囲を超えたものがほとんどである。無条件、無前提に子どもの心に届けなければならない性質のものなのである。とすれば、できるだけ子どもにとって負担が少ないまま身につけていくということになれば好都合といった話になる。徹底して何度も同じことを繰り返されて飽きてしまうこと、とことん同じことをしかけられて呆れてしまうということは、いずれもこうした点からするとかなり健康な社会性習得のための筋道、といったことになるのではないだろうか。もちろん、ここで、しかける側の母親や大人たちの方は飽きることも呆れることも許されるものではない。子どもの心に社会性のセンスをどうしても伝えたいと願い続け、必ず伝わると信じ続けることが必須の前提である。言ってみれば、ウィニコットが指摘するように、ほどよい（グッドイナフ）社会性の獲得という過程は実はとても大変な、そしてとても絶妙な親と子どもの格闘をバックにして進行するものなのであるということを、十分知っておかなければならない。こうした点からして、発達障がいと呼ばれる子どもたちの社会性の不十分といった問題は、実は、もしかしたらこうした親子の間の健康なぶつかり合いの過程が十分体験されてこなかったために発してきてしまったものなのではないか、と考えるのである。

徐々にからだの力がぬけ、やわらかくなって…

ところで、私によって何度も繰り返し教室へ連れ戻された子どもは、そのうち、確かに「ほどよく健康」に呆れてきたようであった。無理やり抱えて連れ戻して教室の椅子に座らせようとする時、はじめはかたくなにからだを硬くして突っ張ったままであったのが、回数を重ねる毎に徐々にからだの力がぬけてやわらかくなっていったのであった。そして、もちろん走って飛び出し続けた疲れもあってのことであろうが、午後もしばらくするとからだの力を緩めるどころか、横に付き添っている私の方へ少し寄りかかってくるような感じすら見せるようになっていった。また、走って飛び出していくことについても、その行き先はだんだん遠くなって長距離の追いかけっこになっていったのであるが、走り去るスピードそのものは少しずつ緩まっていって、結果的に、追いつきやすくしてくれているのではないだろうかと感じさせられるようになっていった。心のどこかでは、もしかしたら子ども自身が自分の行方を見失われないようにしているのではなかろうかとまで受け取れたものであった。とはいっても、子どもにとって私のしつこい関わりがうっとうしくなくなったわけでは決してない。椅子の位置まで連れ戻して座らせようと押さえつけた時、子どもは小さい声で「もーっ、しつこいな」とつぶやいた。

ともあれ、外見上はまるで私に対して根負けしたとでもいうかのように、ついには、彼は立ち上がって走って飛び出すということをしなくなった。もちろん、なお、彼が何か考えを変えたとか、心の内面が急速に落ち着いてきたというわけではない。表情をのぞきこむと露骨にいやそうな表情を浮かべてそっぽを向く。そして、彼は口を開いた。「どうしてじっとしとかなあかんねん」。私はしばらく考えてゆっくりとそして腹の底から答えた。「学校ではな、机について座っとかなあかんねん」。彼は続けてつぶやいた。「いつ、だれがそんなん決めたんや」。私は答えた。「ずうっと昔、すごいえらい人や」。彼は続けた。「そんなん知らんやん、関係ないやん」。こうしたやりとりが会話のように続いていったわけではない。彼の一言を耳にして、広く深く思いをめぐらせてようやく言葉になったところを一音ずつかみしめるように口にするといった運びである。

彼の方も、一応椅子に座ってはいるものの、必ずしも私の方に耳を傾けているわけではない。それでも私は心の底から気合をこめて言葉にした。「キミが知ろうと知るまいと、決まってることはずうっと決まってるねん。もとからずうっと決まってることはちゃんとやらなあかんねん」。しばらく間をおいて彼は言った。「わけがわからん」。私はめげずに返した。「学校で座って勉強するというのは、わけとか理由なんてないねん。決まってんねん」。ようやく彼は次のように言ってくれた。「ほんま、ええかげんばっかりや」。「もうええわ」。朝からの長い時間を経て、この時このように言った彼が、もはや必ずしも怒っているわけでもなく、不愉快な気分を抱えているわけでもないように感じられたものであった。いわば、私との関わり合いに対してほどよく（グッドイナフ）飽きて、呆れて、その結果「まあ、いいか」とでも思うようになってくれたのではないか、と感じたのであった。

実は、彼は、この私の訪問した次の日から、ほとんどの時間を椅子に座って過ごすようになったとのことである。私自身にとってもいわば半信半疑のようなそんな事後の経過を耳にして、余計に、ここに紹介してきたやりとりの意味を十分吟味していかなければならないと感じたものであった。

当日の経過の続きを紹介していくとともに、さらに議論を進めていく。

4　関係性の体験力不足——教室の中のやりとり❸

子どもの独りよがりの心の世界に…

ほぼ一日、私とやりとりを繰り広げた子どもはようやく席に座っているようになった。「なんで座っとかなあかんねん」という子どもに対して、私は「学校では座って勉強することに決まってるんや」で押し通した。子どもは「そんなん知らん、だれが決めたんや」と応じるようになった。子どもの独りよがりの心の世界に他者との関係性の成分が取り入れられていく兆しがうかがえるようになってきたのを感じた。

「学校で座っとくのはずっと昔から決まってんねん」という私に対して、子どもは「そんなん関係ないやん」とつぶやいた。負けずに私が「もとから決まってることはその通りにやらなあかんと決まってんねん」と応じると、子どもは「わけがわからん」と言ってくれるようになった。自分がもっている既成の自我のアンテナでキャッチできることしか受け止めようとしなかった子どもの心が、体験の枠を広げるということを受け入れようとし始めているのを感じた。

そして「ほんまにやらなあかんことは、わけとか理由は関係ないねん」と繰り返し語りかける私に対して、子どもは「ほんま、おっさんええかげんや」と応じてくれた。子どもは自分にとって都合がよいかどうかの二者択一的判断をとりあえず措いておいて、現実の場面に合わせていくということを試み始めようとしているように感じた。

そして、さらにはどうしても教室にいさせようと粘りきる私の対応に対して「もうええわ」と言ってくれるようになった。この時、明らかに子どもは自らの欲動自我から発せられるメッセージよりも私とのその場での関係性の方を優先して行為を決する態勢に転じていってくれそうに感じられた。

こうしたやりとりを通じて、言葉の上では不機嫌にののしっているだけの子どもの声を耳にしながら、私としては、子どもの座席の横にひざまずいている自分とその子どものからだとの間に、ウィニコットがいう「関係体験が生起する空間（potential space）」「関係性の体験が共有される場」「移行経験の空間（transitional area）」(注9)といった意味空間がまちがいなく生まれて広がってきているように感じられた。

こうして一日が過ぎようとする頃には、私にぶつける子どもの声の響きの中に、単なるののしりのニュアンスを超えて、「もう、ほんまにばかばかしい」とでも言うかのような、私との長いやりとりに飽きて呆れて疲れてしまった果てに根負けしたとも投げやりともつかないようなニュアンスとともに、体験の息苦しさを少し軽くするようなふざけた調子で吐き捨てる感じが伝わってくるようになっていた。

ウィニコットのいう「あそびの意味をもった体験」とまでいうと言いすぎの感もあるが、子どもが「ええかげんや」と言ってくれたり、「もうええわ」と言ってくれた時には、それまで硬くてぬきさしならない雰囲気が続いてきたのに対して、どことなくその空気を壊して和らげてくれるような響きが伴っていたということなのである。

病理形成ではなく、関係体験の中から…

振り返って考えてみると、ウィニコットが「心があそべているのが健康な状態」であって「あそべていない病気の心をあそべる心に導いていくのが治療の課題」であると言って明らかにした関与のプロセスは、長く重苦しい精神療法の積み重ねを前提にしたものである。心理療法論の観点からすると、いわば、クライエント・セラピスト関係の究極の到達点を示しているものとも理解される。ここからひるがえって点検してみるならば、私がここで紹介した子どもとの関わりはその日一日のことである。確かに特別な設定に基づく濃密な関わりであったと振り返ることはできるが、しかし、私自身の臨床経験からしても、いわゆる「あそびの意味をもった経験」のニュアンスを実感できるようになるのは地道な関与の積み重ねの上である。その意味からすると、この子どもが私との一日の関わりの中で「意味ある関係性の体験」を積み重ねて「あそび的感覚の関係体験」に到達することができたということは、言ってみれば、子どもがもともと内的に深刻な病理構造を抱えて症状形成に至ったとみなすのは不適当としなければならないのであって、こうした点からすると、アスペルガー障害、注意欠陥多動性障害（ＡＤＨＤ）といった表面上の行動特徴からすると大いに関与困難といわなければならない者たちは、実は、文字通り「関係性の体験力の不足ないしは不全」といった理解をするのが適切といったことになるのではないかということなのである。

実際、ここに取り上げてきた子どものみならず、私が関わってきた発達障がいとされる子どもたちは、こちらが強く押すと即座に引く、そしてなお強く押すと逆に拒絶的に押し返す、そうかといって弱く接すると関わり交流の実感がたちまちにして薄くなる、といった関係体験の特徴を共有している。内面の病理構造を考えるよりも「関係性の体験力が不足、ないしは不全」といった理解を提示したのは、こうした実践経験の感覚があってのことなのである。いわば、人間関係でいえば関係接触の面そのものが不具合のままになっていて、日常の人間関係場面で素朴に「ふれあい」「ぶつかり合い」「交わり合い」といったような生の経験局面に遭遇した時、関係体験接触面の不具合状態がそのまま行動表面に出てしまうことになる、というふうに理解できると考えられるのである。

実際、ここで取り上げた子どものみならず、彼らは自分と他者のふれあい具合がわからない、といった特性を有しているし、このことが昂《こう》じている場合には、自分と対象との交流のしかたがわからないということになっている。とりわけ、「ころあい」とか「そこそこ」とか「いいかげん」というのが苦手といった印象である。

おそらく、原因から結果を考えようとする従来からの合理的思考の延長上にあっては、こうした人間関係局面における接触不全の事象も、何らかの内的ないしは生物学的原因構築があって、その一つの派生事象として生起する、といったとらえ方に向かおうとしてきたものと思われる。そうした方向性に対して、ここではウィニコットが「対象と関わる力」と言ったことに基づく形で、関わり局面において文字通り直接機能する関係体験接触面のでき具合の問題をそのまま原因であり結果であると考えようとしているものである。

ビオンは、おのずと他の分化膜が生成されていく段階があって、ここでは子どもに対して周囲が子どものこうした課題に適応すべく、強く接したり、そっと接したりといった関係体験の供給を具体的かつ適切に行っていかなければならない、という意味のことを説いている。すでに取り上げたウィニコットの「関係体験が生起する空間（potential space）」「関係性の体験が共有される場」「移行経験の空間（transitional area）(注10)」といった人間関係局面を支える意味空間の実感が機能するよう子どもの心の中に育てていくという営みも、子どもたちに対する周囲からの適切で具体的な関係体験の供給によってのみ達成されることとされている。

このようにみてくると、発達障がい問題を、いわゆる従来型の病理形成によるものとは考えない方が実践的観点からは適切であろう、と以前から主張してきた意味がわかってもらえると思う。こうなると、実際に発達障がいといわれる子どもや大人に関わってきた周囲の者たちの責任は大きなものといわなければならなくなってしまう。

こうした視点に沿って、次に、発達障がいといわれてきている子どもの例について育ち方の面から検討を行っていきたい。

5　診断ということが養育者に与える影響

医師によっていったん病名が付されてしまうと、親たちは…

ここまで、発達障がい問題をいわゆる従来型の病理形成によるものとは考えない方が実践的観点からは適切であろうと言ってきた。それは主として発達障がいといわれる子どもや若者たちを「脳機能の異常」といった位置に追いやることで、逆に、関係するだれもが「決定的な問題をもった大変な人」といった認識に陥ってしまうことの危険や不都合を強調したいがためであった。

実際、すでに学校現場で発達障がいと呼び名がついただけで先生方が積極的に指導するのを手控えるといった影響も出てきている。言ってみれば、発達障がいという呼称が医学的な傷病名ということになると医学の専門知識や技能がなければ関わってはいけないということになるのであるから、教職にある人たちが関わりを控えようとするのは法律的に正しい反応ということになるのである。

あたかもこうした医事法の拘束を反映するかのように、ここで取り上げてきた子どもの周辺でもとても難しい問題が見られてきていた。つまり、小学校低学年の時期から、この子どもは発達障がい、アスペルガー障害、注意欠陥多動性障害（ＡＤＨＤ）といった名が与えられてきていたために、それを伝え聞いた先生方が、実際、教室の中で動き回るせいで授業がやりにくくなることがあっても、子どもに対して直接、強く指導するよりも、ともすればそのまま見守ってしまうほかなかったという経緯が生じてきていたのである。

このことと同じかそれ以上に子どもの育ちの上で難しい問題をもたらしているのが、子どもに診断名がつくことによって子どもの親や家族たちの育児姿勢に明らかな変化が生じてしまうといったところである。つまり、子どもの親たちはいったん医師によって病名が付されてしまうと、先生たちの場合と同じように、自分たちが主体的に子どもに関わる以上に、何かにつけて医師の指導を受けるようになっていって、ひいては、そこで受けた指示内容を子どもに関わってくれる周辺の人たち皆に通告するといった姿勢に転じていってしまうといったことが起こるのである。

そこで、一〇年以上も前、先項までに紹介してきた小学生と同じような子どもに関わっていた際の経験を振り返って、こうした問題点について考えてみることにしたい。

お母さんはビデオカメラと思しき道具を取り出して…

私がある小学校の教室で子どもに関わっていた際に、保護者であるお母さんが様子を見にやってこられたことがあった。廊下に現れた女性が子どものお母さんとわかって、私としては心の中でいささか張り切る思いが湧いた。幼い頃から傷病名が付されてきたがゆえに、もしかしたらこのお母さんも自分の思いをこめて生き生きと子どもに接するということができなくなってきているかもしれない、だとすれば私がここで行っている子どもへの関わり方を見てもらって改めて子育ての参考にしてもらえるのではなかろうか、と考えたのであった。

ところが、実際の成り行きは私の予想とは大きくずれるものになっていった。

ふと気がつくと廊下のお母さんは、ビデオカメラと思しき道具を出して、私と子どものいる方向へレンズを向けて構え始めたのである。はじめお母さんが何をしようとしているのかわからなかったが、ほどなく、カメラで子どもと私の様子を撮影しようとしているのだということが理解できた。

今となっては、このお母さんがこの時何のためにカメラを構えたのか、私自身も含めてだれも外れた推察はしないように思える。しかし、一〇年以上も前のこの時の現場では、私はとても的外れで安直な思いこみをしてしまった。私は教室の後ろにいた先生に「カメラで撮影しなくても、子どもに関わる際の大事なポイントは後でいっしょに話し合いをすればよろしいから」と伝えてもらうことにした。レンズを通して見てもらうよりもできるだけ生《なま》のライブな印象を受け止めてほしいと願ったからであった。

ところが、ここで返ってきた返事は三つの意味で私を驚かせた。

まず一点目は、「どのように関わっているのか、話を聞かせてもらうよりも客観的にカメラで撮っておけば後で見ることができる」という反応であった。確かに話の筋としては別にまちがっているとは言いがたいのではあるが、その時の瞬間には「ライブで交流して理解を得るよりも映像データの方が頼りになる」といった着想に、にわかには納得しがたいものを感じたものだった。

二点目は、「お医者さんからできるだけ子どもの様子は客観的にとらえるように勧められているからカメラで撮っている」という答えであった。とてもうがった想像をするならば、この保護者がともすれば子育てにおいて感情的になりすぎるから医師がそれを制御するためにカメラを勧めていると考えられなくもなかったが、しかし、わが子の姿を廊下からレンズ越しにのぞき続ける親の眼差しを感じると、とにかく何とも言い難い違和感を覚えたものであった。

一点目と二点目を合わせて振り返ってみると、焦点は「客観的」というところにあったように思われる。

先項まで、発達障がいといわれる子どもたちにおいて、いわゆる「ほどよい関係体験」がちゃんと味わわれていないと考えられるところに問題発生のもとがあるのではないかという見方を紹介してきた。「ほどよい関係体験」は、積極的で濃密なふれあい、感情もぶつけ合う生の交わり合いの経験の上で、やがてお互いが直接つながっていなくてもお互いを思いやり合うことができる関係性に到達することを意味している。この点からすると、人間関係、なかんずく親子関係までも、いつの間にか客観的な視線によって観察することをおかしいことではないと考えるようになってきているところに少なからず危惧を覚えてきているわけである。裏返して言うならば、客観的というのはだれもが自覚的に責任を感じなくてもよいというしかけが働いているわけであって、その意味では人間関係のあらゆる局面において「関係体験性のセンス」ということがあまり重く受け止められないようになってきてしまっているのではないかと感じさせられてしまった、ということなのである。

ところで私が驚いた第三点目は、「ビデオで撮っておけばトラブル発生時に証拠として活用できるから」といった反応であった。もちろん、保護者としてのお母さんが、学校の教室において自分の子どもに危害が振りかかると確信的に予測しているとは考えられない。しかしながら「証拠」ということを口にされたところには、直感的に「疑惑」や「不信」のにおいを感じざるを得なかった。確かに現代という時代社会の心理的風潮を考えてみると、さまざまな意味で「人を信じる」というよりも

「疑い」や「不信感」の構えで人に接していくことの方が当たり前になってきているといってよいように思われる。

とりわけ、最近では学校現場に対して保護者がクレームをつけるのをモンスターペアレンツとわざわざ呼んで問題視するような動きにもなってきている。

考えてみれば、機械文明社会の先鋭化は「マニュアル」的にものを考え答えを求める世代を生み出してきて、その後、メディア情報氾濫社会化の流れは「検索クリック」によって即時的、速効的に答えを求める世代を生み出してきた。そして、マニュアル思考や検索思考に集約される体験様式のひずみ傾向が、さまざまな人間関係の局面に影を落としてきて、いろいろなやっかいな新しいタイプの問題行動群を生み出してきている。

こうしたことを背景にしながら、ここで取り上げたお母さんのことを改めて振り返って考えてみると、当事者のお母さんを「おかしい」とか「ひずんでいる」と問題視する気持ちにはとてもなれない。むしろ、親子ともども、現代という時代社会のもつ関係性の希薄化の流れにそのまま飲みこまれ流されてきた結果、問題児という名を付されて苦労する立場に追いこまれてきてしまった、とみるべきではないかと思われたのである。

ともあれ、実際には、今回紹介したお母さんは、私が子どもに関わって行動が改善したのを生で目にされたためか、そのコツを「マニュアル」として伝えてほしいとばかりに面会を求めてこられることになった。そのおかげで、共に話し合う機会をもつことができた。

6　「ナマ」で「ライブ」に関わることの重要性

お母さんはとてもストレートな印象の方で…

学校の教室で自分の子どもと私との関わりをビデオカメラで撮影していたお母さんに対して微妙な気持ちを抱いていた。人間関係にしても親子関係にしても、常にライブであることが中心と考えてきた私にとっては、自分の子どもの姿を「客観的に記録することがよいこと」という感覚に対してはじめから多少の違和感を覚えていたのであるが、それ以上に、「トラブルがあったら、その時に証拠になるから」といった考えまでもってビデオカメラを構えておられたということに対して、抵抗を感じないわけではなかった。

しかし、実際に面談することになったら、お母さんはとてもストレートな印象の方であった。違和感や抵抗感を抱いて防衛的に硬い姿勢でお会いしようとしていた私の方がむしろ不自然で反省させられることになった。

確かに客観的に記録しておくということ自体は何ら不適切なことではない。さらに考えてみれば、記録を残しておくということは後でいろいろと振り返ることができる利点があるわけであって、その上で、もし現場で不都合な事態があった場合にはその記録をもとにして冷静に検討し直すことができるわけであるから、問題にすべきことではないように思えてくる。

まず、お母さんは「うちの子はお医者さんから発達障がいと診断を受けてきているから、学校には気をつけてもらうように伝えてきた」とおっしゃった。そして私に対して、教室で子どもと関わっていた時のやりとりの様子を具体的に取り上げて「あれは発達障がいに対する関わり方としてどのような意味があるのですか」とか「発達障がいに対する専門的な関わり方なのですか」と尋ねてこられた。

私が質問の真意をすぐに汲みとれなくて「どのような感じがされましたか」と返してみると、すぐに次のようなことを話された。

「先生が子どもにくっついて話しかけ、飛び出したら追いかけたりするのは見えたけれど、そこでどんな言葉かけをしていたのか聞こえなかったから」。そして「どうして子どもがうろうろしないで席についているようになったのかわからなかったから」と。

私にしてみれば、はじめから「子どもはなぜ落ち着いてうろうろしなくなったのか」とそのまま尋ねて下さればよいのに、わざわざ「専門的」とか「意味」といったような表現を添えて尋ねてこられるから違和感を覚えてしまうではないか、といった思いを禁じ得なかった。しかし、話を進めていると、言葉づかいの硬さはあっても対人的にはどこまでもストレートな方という感じは変わらなかった。子どもへの関わり方にずっと困ってきて、医師の指導のもとに何とかして改善の方向へ努力していきたいという熱意は大いに伝わってきたものであった。

生まれてすぐの時期から育てにくさを感じていて、検診のたびに不安を訴え、専門家の指導を頼んできたのだが、三歳になって受診した小児科の先生から「発達障がい、なかんずく高機能自閉症傾向、注意欠陥多動性障害傾向、アスペルガー障害の疑い」と告げられ、今日に至ってきているというのであった。日常的生活場面での問題としては、落ち着きがないことの難しさに加えて、物事へのこだわりや執着のしやすさ、うまく運ばないことがあると感情が爆発してほとんどパニックになるとか、しつけも学習も訓練も蓄積されていきにくい、といった困難を経験してきているとのことであった。こうした経緯から、幼時から医師にかかり続けてきていて、多少の投薬も交え常にお医者さんの指導をいただきながら子育てをしてきた、とのことであった。

こうした話の続きとして改めて私の関わり方について質問をされた。「お医者さんからは子どもの行動をちゃんと見守って、その意味を理解して常に落ち着いて関わるように、と言われてきたのに」「先生ははじめて子どもと会ったばかりなのに、そばにくっついてしゃべりかけたり、追いかけ回して抱きかかえたり、とびっくりした」と。

このようなやりとりを通して、このお母さんが私と子どもとの教室でのやりとりを廊下からまるで遠巻きに見守るかのごとく眺めておられたことの事情がわかるような気がしてきた。もともと「扱いにくい」「育てにくい」と感じてしまった子どもに対して、お母さんはできるだけ適切な接し方をしようと考えて、専門の医師の指導のもとに自分をコントロールして関わってきたということなのである。話し合いのはじめから「客観的に」とか「冷静に」という表現が口をついて出てきていたゆえんがこうした子育ての歴史からくるものなのだろうと理解できるような気がしたものであった。

とはいっても、母親から「学校側には主治医に聞かせてもらった子どもについての注意事項を毎年、担任に対して伝えて承知してもらっています」とか「管理職には子どもへの正確な理解と事故のないような指導をお願いしてあります」と聞くと、やっぱり学校の先生方との間でスムーズな気持ちの交流は難しいのではなかろうかと危惧しないわけにはいかなかった。親が冷静に理屈を言ってはいけないということではない。客観的な理解を強調していけないわけでもない。その意味では、この親が医師の指導をそのまま受け止めてきたところにまちがいがあるというのでもない。そうした面の一方で、ちょうど補い合うかのような形で親が子どもに対して生々しくライブな接触感覚で関わることも必要なのではないかと考えるのである。

直接的な人間と人間の接触を通して…

ウィニコットは親が幼児に関わる時、尋常でない共感力、あえて言えば健康な妄想力に駆り立てられて子どものすべてに関与していくものであると言っている。少し特徴的で個性的な傾向をもって生まれてきた子どもに対して、確かに親が無条件に共感的理解を向けることは難しい。ましてや社会的不適応につながりかねない行動特徴、性格傾向を表してくる子どもに対して、親といえども強く接していくというのはなかなか難しい。冷静、客観的、医療専門的といった枠組みは確かに親たちの苦悩を救済する力がある。

しかし、前にも述べたように、そもそも普通に子育てをしている場合にも、基礎的経験場面とか「しつけ」の場面では、親や大人の側は、子どもが「呆れる」ほど、ないしは「あきらめて」しまうくらいにしつこく辛抱強く同じことを繰り返し提示していくものである。この時の合言葉は「ナマ」であること「ライブ」であることへの健康な執着である、ということができる。

発達障がいといわれる子どもたちへの私の関わりの中心軸は「ナマ」と「ライブ」である。直接的な人間と人間の接触を通して受け止められる関係性の体験感覚が子どもに取りこまれていってはじめて、子ども自身を一つの丸ごとの存在として包みこむ「外膜」ができあがっていくものと考えている。繰り返しふれてきたように、発達障がいといわれる子どもたちの問題の原点はこのあたりにあるとみてきている。

実践家としてすべての発達障がいといわれる子どもたちのすべてに「ナマ」で「ライブ」に関わっていくことは不可能である。しかし、少なくとも私が関わってきた子どもたちは、私がしかける「直接関係性の体験」の中で、その体験感覚からキャッチされる「接触感覚の膜」を子ども自身の存在性の「外膜」として取り入れていってくれたように感じている。

話し合いをしたお母さんに対して、私は「ナマ」で「ライブ」で「子どもともう一度肌合いを感じられるくらいに接近してみる」ことをお願いした。もちろんお母さんはそれが客観的にどのような意味と効果があることなのかを問いただされた。そして、私はお伝えした。「子どもさんは直接関係性の体験の中から何をキャッチすればよいのか、私との関わりを通して経験しているはずだから、今度はお母さんやご家族との間でそれを経験してもらう番です」と。

率直に言って、こうした私の説明がほんとうにどのように伝わるのかいつも自信がない。おそらく説明としての理屈を超えて伝わった分が実際の効用につながっているのだろうと感じている。少なくとも私がぶつかってきた発達障がいといわれる子どもを抱えて苦悩してこられたお母さんやご家族たちは、子どもの改善と並行する形で、私のナマの訴えの中の意味の部分を受け止めてきて下さっているように感じている。

7　意味ある関係体験

なぜこちらの意図が伝わりにくいのか

発達障がい、ないしは軽度発達遅滞と呼ばれる子どもや成人について、現在、学問的にどのようなことが考えられてきているのかについて、本章第一項においてまとめて紹介した。そこでも結局、総じて結論づけられてくるのは、私が学校臨床現場で心がけてきたのと同様、発達障がい、軽度発達遅滞と呼ばれる人たちに対しては、人と人との間の関係体験を改めて十分に供給することが必要ということであった。

見方によっては「人間関係の体験を十分に」といったこのような結論は、学術的とか専門的といった観点からみて、あまりにも常識的すぎるではないかと受け止められてしまう可能性がある。

実際、私が相談にのってきた発達障がいの子どもに関わる親や学校の先生方に対して、「子どもの心の奥にまで届く濃密で味わい深い人間関係を体験させてあげて下さい」といっしょうけんめいアドバイスしても、「そんな単純な簡単なことでよいのですか」と返されることがほとんどであった。「子どもが手ごたえを感じるように関わって」とか、「いっしょに感動するような体験を作って」とか、「確かにそばにいるという実感を味わえるような関わりをして」とか、「子どもが何を求めているのか直感的につかみ取って声かけして」とか、「子どもの表情が生き生きしてくる働きかけをして」

とか、「子どもの気持ちを敏感に察して関わり方を判断して」とか、いろいろ工夫して呼びかけるが、こちらの意図する思いや考えがスムーズに伝わったと感じることができるのはごくわずかである。たいてい、「だれが、いつ、どのような場面で、何を、どんなやり方で」やればよいのか具体的に教えてほしいと言われる。要するに、客観的に理解できる方法とか技術である。

もちろん、方法とか技術を考え工夫することに不都合な点は全くない。しかし、ここで取り上げている「人間関係の体験」そして「意味ある関係体験」というのは、一方がもう一方の相手方に技術的、方法的着眼で関わっていくことで図られるものではない。客観操作的に実行して客観的観点から点検できるという性質のものではないのである。関わり合いの場に共にいて、関わり合いを共に体験する両者がその時その場の同時体験感覚によって確かめ合うことができる性質のものなのである。

いわば、客観主義に基づいて点検される操作、方法、技術によっては把握することができない「共体験」「共感覚」に基づく事象なのである。こうした点が、教えるとか伝えるといった方法ではなかなかわかってもらえないと感じてしまう原因になっているのではなかろうかと思える。

このような「関係体験」というものに関わる場の設定とか関係の枠組みといった点からくる問題に加えて、発達障がいに関わる方々に対してこちらの意図がなかなか伝わりにくいと感じてしまうもう一つの事情として、体験というものについて、ともすれば本能欲動満足的と本能欲動不満足的といった両極を結ぶ物差しでとらえてしまう傾向があるといった点も影響していると考えられる。

つまり、問題の相手が子どもであれ大人であれ、「共にいて生き生きした体験を共有するように」とアドバイスを提供した際、普通はそれを「感情、情緒の強い変動を伴って生々しい満足を得ること」と重ね合わせて理解されてしまうといったことが起こるということなのである。

確かに、一般に満足というと、生理的欲望の満足から始まって、楽しい、うれしい、気持ちいい、エキサイトする、といったような本能欲動につながる望みが満足されることを軸にして考えられやすいのであるが、実は、もう一面で、「いっしょにその場に共にいられるだけで安らかな気持ちになれる」とか、「互いに何もしなくても同じ空気を吸っているだけで生き生きした気持ちでいられる」といったように、いわばそれなりの位置関係にあること自体がもととなって満足な体験として受け止められる向きもあるのである。そして、われわれが発達障がいの方々に関わる人たちにアドバイスして特に実践してもらいたいと願っているのは、こうしたいわゆる「いること（being）」によって得られる満足といった体験感覚の方である。もともと、アドバイスとして言語的に伝達しやすいのは技術的な事柄すなわち「すること（doing）に属すること」とか方法的に表現できる事柄であり、また、その実践から得られると想定される欲動満足体験についての話である。

人間関係体験に関するカルチャーの変容

このように発達障がいに対する関与の要点を振り返って考えていてどうしても思い起こされるのは、人間関係体験に関するカルチャーの変容といった問題である。

先にもふれたことがあるが、そもそもわれわれ日本人は欲動満足という生物学的願望を追い求める際、同時に関係満足的なセンスを常に大事にしてきたといってよい。たとえば、作法といった表現で語られているものは、方法や技術によって実現される事象とは次元の異なるところにその目標があると考えられる。たとえゴールとして本能満足的な体験が思い描かれていたとしても、作法として大切にされようとしているのは、むしろその過程での体験の質の方ではなかろうかと考えられる。関わり合って進んでいくプロセスそのものに意味が認められているといってもよい。

呼吸が合うとか、息が合う、さらには心寄り添う、心ふれ合う、心響き合う、といったような微妙な隠喩表現で示されているものは、言語交流とは一線を画したところで繰り広げられる作法を大切にしようとする関係のもとで実現されていく体験感覚である。極端に言うならば、われわれはもしかしたらうまくゴールにたどり着けなかったとしても、そのプロセスで共に心地よく心寄せ合う体験が確かめ合われていたならば、それはそれで十分満足感を分かちもつことができるのではないかと思われるのである。

こうした観点から現代という発達障がいを生み出してきた社会状況を振り返ると、人間関係に関するさまざまな工夫も、ともすれば目標実現のための方法、技術としてとらえられる傾向が強くなってきているように感じられる。ゴール実現のためのパフォーマンスという表現が今では当たり前のように使われてきているが、これなどはきわめて戦略的に周囲を操作する技術を意味していて、ほとんどの場合いわゆる「やらせ」、すなわち作り物のバーチャル感覚のもとでの方法的企図を意味しているものと考えられる。このパフォーマンスの評価となると必然的に成功、不成功という結果の評価のみが基準になってくる。

もともと作法もパフォーマンスも共にことのプロセスについて言及しているものであるにもかかわらず、パフォーマンスの方には関係体験としての満足感といったことがはじめから評価要因として想定されていないということがわかるのである。

ウィニコットは、人間における意味ある体験について、欲動自我満足論を一つの極とし、他方の極として関係体験満足論の軸をとりわけ強調した。[注11・12]人生初期の「抱っこ（holding）」についても抱っこする母親と抱っこされる子どもの両方の関係性に基づく同時的体験そのものに意味があることを強調した。そして長じてからのちも「イリュージョン（illusion）」や「プレイング（playing）」といったプロセス経験そのものが、実は心の健康を裏打ちするのであると説いていった。

われわれ日本人は、こうしたウィニコットの教えを、もしかしたら自明の共通センスとして体験してきていたといってもよい。

皮肉にも、ウィニコットの主張とまるで交差するかのように、現代のわれわれが関係体験満足の筋道をおろそかにしてきたところに、発達障がい、軽度発達遅滞が生み出されてきたと考えてもよさそうに思われるのである。

《第3章◆注・文献》

(注1) 栗田広、長沼洋一、福井里江「高機能広汎性発達障害をめぐって」『臨床精神医学』第二九巻五号、アークメディア、四七三~四七八頁、二〇〇〇年

(注2) 進藤義夫「発達障害を抱えて生きる」『臨床心理学』第七巻三号、金剛出版、三四九~三五四頁、二〇〇七年

(注3) 滝川一廣「発達障害再考――診断と脳障害論をめぐって」『そだちの科学』八号、日本評論社、九~一六頁、二〇〇七年

(注4) (注3) 滝川、二〇〇七年と同じ

(注5) 星野仁彦『微細脳損傷・微細脳機能障害の今日的意義』(石川元編『スペクトラムとしての軽度発達障害I』〔現代のエスプリ474〕) 至文堂、七〇~七九頁、二〇〇七年

(注6) 鯨岡峻「発達障碍ブームは『発達障碍』の理解を促したか」『そだちの科学』八号、日本評論社、一七~二二頁、二〇〇七年

(注7) 小林隆児、大久保久美代「関係性を通して進める発達障碍児の理解」『臨床心理学』第七巻三号、金剛出版、三二四~三二八頁、二〇〇七年

(注8) (注3) 滝川、二〇〇七年と同じ

(注9) ウィニコット、D.W. 著、橋本雅雄訳『遊ぶことと現実』(〔現代精神分析双書 第Ⅱ期第4巻〕) 岩崎学術出版社、一九七九年

(注10) 川上範夫『移行現象論――ウィニコット理論からよみとる「関係体験論」への転換』(小此木啓吾、妙木浩之編『精神分析の現在』〔現代のエスプリ〕別冊〕) 至文堂、一九九五年

(注11) ウィニコット、D.W. 著、牛島定信訳『情緒発達の精神分析理論――自我の芽ばえと母なるも

の』(「現代精神分析双書　第Ⅱ期第2巻」) 岩崎学術出版社、一九七七年
(注12) (注9) ウィニコット、D.W.著、一九七九年と同じ

第4章　関係体験からみた心理臨床実践論

第2章で明らかにしたように、ウィニコットとの交流を通じて心のあり方や人間関係を「関係性」の観点から把握しようとしてきたところには、そうすることが生き生きとした臨床実践を導いてくれるだろうという確信があった。「あそび体験」がそのまま癒やしに重なるなどというのはその最たるものである。しかし、実際にはそうした着眼が実践場面でどのような関わり合いの様相につながっていくのかという点で、なおつかみにくい印象があったかもしれない。本章では「関係体験」の観点から不適応の心理を読み解くことの実際にふれ、また関係体験をほどよく生き生きと体験できるようになっていくことを通じて、心がほぐれてほどよく生きていきやすくなる、という実践論的考え方を提示してみたい。

1　illusion と対象関係

「原初的な母親の没頭」があればこそ…

ウィニコットが多くの臨床実践体験を通して、乳幼児の体験世界と乳幼児に関わる母親や大人たちの体験世界を生き生きと描き出したことはよく知られている。とりわけ子どもと母親の間には独特の関係体験世界が横たわり、子どもも母親も個別の自分の意思によって体験を行っていくというよりも、その関係体験世界から発せられ受け止められるメッセージに導かれて行為を重ねていく、というのがウィニコットの強調点になっている。

彼が母親の乳幼児への関わりの軸を「原初的な母親の没頭（primary maternal preoccupation）」(注1・2)と呼ぶのは、母親が普通に子どもに関わっていく時、個としての母親の思考、感情、意思によってその時の行為を選択していくというよりは、母親が乳幼児との不可分の関係性ということに全面的に自身の存在性を開いて、そのことによっておのずから感じられ、受け止められてくる言葉以前のメッセージに行動選択のための判断を託してしまうものである、というところを強調しようとしたためである。そして、「この原初的な母親の没頭（primary maternal preoccupation）」があればこそ、普通の母親が自分の子どもの心身の状態に対して特別な感受性を発揮して適切な世話ができるのであると言ったのである。理性判断、知性判断を超えて、いわば言葉以上の直感的判断能力が乳幼児を育てる時期の母親にはごく自然に具わっているというのである。普通の母親が子どもとの間の境界を飛び越え、突きぬけ、まるで母親自身の内的感覚であるかのように子どもの状況をキャッチすることができるとしたのである。一般的な臨床実践的人間関係論で考えるならば、共感的理解の能力についての議論が思い浮かべられるところである。

メラニー・クライン（M. Klein）は、他者に対する共感能力のもとは投影性同一視、取り入れ性同一視の機制であるとしている。投影性同一視も取り入れ性同一視も、そもそもは客観的、現実的な根拠に基づかないで判断、行動が出現してくるという、ある意味では非日常的、非正常な心の働きを説明する際に動員された概念であった。言ってみれば、共感すなわち自分以外の人間の内面を理解するということはある意味では病的ともいえる想像、判断に始まるものであるということなのであった。（注3・4）

この点からすると、ウィニコットが明確化した乳幼児を前にした「母親の原初的な没頭（primary maternal preoccupation）」という見解によるならば、普通の母親がはらみ、産み、育てていく過程においてごく当たり前に発揮されていく能力ということになるのであるから、心理体験モデルとして考えるならば、優れた共感というものの能力は、ちょうど乳幼児を育てている母親の心理状況に心身を重ね合わせることによって実現するという話になるのである。

とはいうものの、現実に子どもを育てていない時に「原初的没頭」の心構えを自分に課すというのはそれほど簡単なことではない。しかし、メラニー・クラインのいう共感能力についての見解と比較するならば、その源についての議論としてみると、ウィニコットの見解の方が日常的経験感覚の延長上で受け止めることができそうではないかと考える。

要するに、ウィニコットは乳幼児期母子関係に関わって、子どもとの関係性の世界に無条件に心を開いて接するならば、おのずから子どもの内面は感じとれてくるはずであるとしているのである。言いかえるならば、人への共感的理解の能力は、単に主観的な直感能力によって発揮されると考えるのではなくて、相手との関係性の場にひたすら心を置いて、相手の内面に向けて一心に没頭することで実現化してくるとしたのである。

もう一度メラニー・クラインの見解に戻るならば、投影性同一視も取り入れ性同一視も要するに妄想体験と表裏一体に研究されてきたものであって、その意味では、他者に対する共感的理解の働きは、あえて別の角度から評価すれば妄想的判断、妄想的思考に一部根拠を置いていることになる。これに対してウィニコットは、原初の女性の状態を「健康な狂気」などと逆説的に表現しながら、臨床上の難しい課題である共感的理解の実相について、最早期母子関係の実際的場面を思い浮かべれば類推が可能になるだろうと説いたのである。

「思い浮かべる」という目いっぱいの関与

ところで、こうした母親の乳児への共感的関わりが乳児との関係性の世界に無条件に心開く（没頭する）ことを前提にして実践されていくという一方で、乳児の側は母親との間でどのような経験を重ねていくのかということが議論になる。

ウィニコットは、母親からの「没頭」に基づく適切な関与を前提にして、子ども自身が望むことが実現化していくことを通して子どもの心の世界が形成されていくとする。ウィニコット特有の言い回しによるならば、子どもが何かわからないけれどその時「欲している」ものを思い浮かべたところへ母親が適切にその「欲している」ものを差し出すと、子どもは「そう、それが欲していたもの」とばかりにその差し出された対象と関わりを体験するようになる。子どもにとっては「思い浮かべる」ことと「期待する」ことが目いっぱいの関与であって、そこに適切な対象が差し出されることではじめて、環境との「関係体験」が体験化されていくことになると言うのである。(注5)

たとえば、母親が「原初的な没頭（primary maternal preoccupation）」によって子どもの状況について直感的理解をして、授乳のために乳児に向かって乳房を差し出すとする。その時乳児が空腹であったとすると、確かに一般的には乳児が本能的欲求を満たされて満足体験をすることになると評価する。

ウィニコットはこの状況推移について、本能的欲求満足より以前に重要なことがあると言う。それは、乳児はその段階では具体的に乳房とか哺乳瓶とか自分の欲するものが何なのかわかるはずもないのだから、ましてやそうした対象の実体をとうてい思い浮かべることもできないのであるから、とにかく「何かが要る（ニード・need）」と思い浮かべて、その思い浮かべたところに（母親から）対象を差し出されることになって結果的に気がついてみたら、欲求満足の体験をしていることになっていると説明をするのである。

確かに、乳児が空腹である時、乳房の存在もその意義もわかっているわけではない。自分の周囲の空中をまさぐり、何かを欲して（ニード）いるだけというのが乳児にとってのほんとうの状況のように理解される。そして思い浮かべたその場へ乳房や哺乳瓶が差し出されてはじめて、乳児は自分というものと乳房や哺乳瓶との関係性の体験を始めることができるというのもなるほどという感がある。

そしてウィニコットはこの乳児の「必要なものを何かわからないけれどとにかく思い浮かべる」という機能を「イリュージョン（illusion）」と呼んで、子どもの体験のあらゆる展開の原点であるとしているのである。

ところで実は、ウィニコットはこうしたイリュージョンを体験の始まりとする考えをいっそう明確に繰り広げていった。彼は子どもが母親の母胎内で子宮壁に手足がふれることを通してすでに「対象との関係」を経験しているとして、出生の後は子宮壁の手ごたえの代わりのように母親が対象を提示してくれることによって世界との「関わり体験」を始めることができるようになるとしたのである。(注６)

子どもの体験は誕生が始まりであって、しかも本能欲動の真っ白な固まりとして経験を始めるというのが一般的常識である。しかし、人は母胎内ですでに自分としての体験を始め、誕生すぐの乳幼児の段階から母親の原初的没頭による想像を超えたケアによって、子どもなりにイリュージョンと「関係体験」という対象関係の端緒を開く世界を歩み始めていくということなのである。

2 関係体験論による基本姿勢❶
――ウィニコットの「原初的な母親の没頭」「ホールディング」から教えられること

臨床実践家が具えなければならない受容能力

ウィニコットが対人関与に関わる基本的知恵について、母親が子どもに育児者として関わっていく際の実際のありようからアイディアを提供しているという点について紹介してきた。

確かに自分の思いやコンディションを言葉で表現できない段階の子どもを相手にして「普通とはいえない直観力」を働かせて理解し関わっていく母親の「原初的な没頭（primary maternal preoccupation）」の能力は共感的理解のベースになるといってよい。原初的没頭に関わるウィニコットの「乳幼児を育てる時期の母親は理性判断、知性判断を超えて、いわば言葉以上の直感的判断能力をごく自然に備えている」「母親が普通に子どもに関わっていく時、個としての母親の思考、感情、意思によってその時の行為を選択していくというよりは、母親が乳幼児との不可分の関係性ということに全面的に自身の存在性を開いて、そのことによっておのずから感じられ、受け止められてくる言葉以前のメッセージに行動選択のための判断根拠を託するものである」というところが、臨床実践家が具えなければならない受容能力、共感能力の基底的条件をまちがいなく伝えてくれているように読みとれる。

子育ての実際場面では、このような基本姿勢のもとで赤ちゃんを抱っこするという行為が自然に行われていくのであるが、ウィニコットはここでも「抱っこ（holding）」においては普通の母親というものは自分と子どもとの間の関係性の状況に徹底して心を向けて、常に子どもと自分にとって最も「ほどよい（good enough）」抱っこ状況を実現していくものであるとしている(注7)。

「ほどよい（good enough）」「抱っこ（holding）」の実現によって子どもの心とからだがちゃんと育っていくというと、まるで当たり前のさりげない子育てに関わる話のように受け止められそうに思われるが、小児科医であるとともに優れた精神分析家でもあるウィニコットが丁寧に伝えようとしたのは、対人援助の現場における関与の知恵ともいえるメッセージだったのである。

子どもと向き合って関わり合っている母親の姿を目に浮かべながら、「抱っこ、ないしは抱きかかえること（holding）」から示唆される臨床的対人援助場面における知恵について考えてみる。

対人援助の現場における関与の知恵

『ホールディング～抱えること』

クライエントの心、ないしは存在性を受け止めて安全確保のために抱きかかえ、育みを目指すことは当然のことである。昨今の心理臨床実践学の分野では、エビデンスベースとか即効性の観点から、生《なま》の人間関係性をあえてわざわざ排除していこうとする動きがある。私の見解からすると、長い時間をかけて形成されてきた心のひずみに対しては、ヒューマンな関わりを排除した関与は意味ある影響をもたらすことが難しいと感じている。

『ホールディング～守ること』

子どもを抱えることの目的の一つは子どもを侵害から守ることである。心理臨床場面においてカウンセラーとの関係性を信用してもらえるように努めて、ラポールが確立してクライエントが基本的に尊重されていると感じてもらえるように心がけることは当然の責務と考えておかなければならない。

『ホールディング～維持すること、保持すること』

子どもを抱っこする際、子どもに必要な限り時間的にも空間的にも抱っこという状況を変わらず維持しなければならない。相当な我慢と忍耐を要する時もある。同じように心理臨床場面では設定（会って交流する時間、会うための場所、会う頻度、会う人間・人数、交流の方法）を相互に約束ごととして決めてそれを専門業務におけるリミットセッティング（業務遂行における限界設定）として、できるだけしっかり守って会い続けていくことに努めることが肝要である。

『ホールディング～支えること』

子どもを抱える際には、子どものからだと心をさまざまな意味で支えることを行っている。同じように心理臨床場面でも、クライエントのからだと心がたとえどのような悩みや苦悩にさいなまれていたとしても、基本的な生活状態が安全に確保されるように支えていかなければならない。

『ホールディング～我慢すること、耐えること』

子どもを抱っこすること、抱えるためには我慢することがつきものである。耐えるということはつきものである。いろいろな意味で子どもと付き合うには我慢したり耐えることも必要な時がある。さらに子どもが個性を育てていく過程というのは親の思いとずれる状況が展開することもあるので、それを我慢して見守らなければならないことも多いものである。心理臨床場面でも難しいクライエントが変容していくプロセスというのは決して平坦な進行にはならない。クライエントの敵意や攻撃にさらされることもあるし、クライエントの混乱に出会って心配させられることもしばしばである。状況に対して、我慢し耐えて見守るがんばりがなくては、長い目で見守ることは難しくなってしまう。

『ホールディング～待つこと』

子どもを抱きかかえている親の気持ちの中心には子どもの成長を期待しながら待ち続けるという姿勢がなくてはならない。心理臨床場面でも、なかなか好転していかないクライエントに対して焦ることやいらいらすることは禁物である。時には、自分の心理臨床的関与の力を超えて、むしろ時間の推移というものの方に力があってクライエントの変容を導いてくれるかもしれないと信じて待ち続ける姿勢が必要な場合がある。

『ホールディング～把握すること、つかむこと』

子どもを抱えている親は、主としてスキンシップを通して子どものからだと心の状況を直覚的に把握して関わっていくものである。同じように、クライエントと向き合って交流している心理臨床家は、クライエントが言葉で表現する範囲にとどまらずさまざまなことを把握して、関与のための副次的条件として交流の実際を組み立てる参考にしていかなければならない。

以上述べてきたように、母親が子どもに関わる際の「普通の」心がけというものが実はクライエントとの関わりのコツを提供してくれるというのが精神分析家としてのウィニコットの着眼であったわけである。もちろん、ホールディングの意味するところはまだまだ幅広いとしなければならない。そうしたことも含めてさらにウィニコットが明らかにした諸論の実践的な意義についてふれていきたい。

3　関係体験論による基本姿勢❷
――ウィニコットの「抱っこ」と「ハンドリング」から教えられること

母親と子どもの合作としての「抱っこ」

ウィニコットが小児科医として、また精神分析家として対人援助の実践を考える時、技術的操作モデルの思考を超えて、常に関係性の視点を優位に考えようとしてきたということは何度も強調してきた。合理的因果論思考が優勢な時代状況の中にあって、あえて脱近代的、ないしは現象学的関与観察思考にこだわり続けてきたというところは、今日もっと大きく取り上げられて評価されてもよいと思われる。

こうしたウィニコットの基本的方法論としての関係性重視の姿勢は、イリュージョン、トランジショナル、中間領域、体験の第三領域といった思考に集約されていくことになるのであるが、彼の特徴はこのような見方や考え方を抽象的にまとめて提示しようとするのではなくて、実際的な人間関係事象の精緻な検討の中に具体的に見出して論じようと努めたところにある。

先項で取り上げた「ほどよい（good enough）」「抱っこ（holding）」という母子間の交流に本質的に含まれる対人関与のための知恵といった議論の中にも、個人としての母親と個人としての子どもが関わり合うといった見方よりも、母親と子どもがそこにいるならば、そこではじめから二人の間の絶妙な関係性に関わるセンスによって実際の関わり合いが展開することになるものなのである、という理解が軸になっていたのである。

端的に言い表すならば、「抱っこ」は母親と子どもの合作による行為現象であるということになる。そして、ここでウィニコットは、適切な合作を導いていく基本動機は、母親個人の内的動機に発する部分や子ども個人の内的動機に発する部分以上に、母親と子どもの間でその時その場でいわば無条件に感じとられる現場センスといったものが生きて感じとられることによって、そうしたセンスが「抱っこする」実際と「抱っこされる」実際の行為をおのずから導いていく力として働いている、としたわけである。

「よい」抱っこ、「悪い」抱っこというのは仕分けできないわけではないが、母親と子どもの間の関係性の場のセンスに導かれてその時その場の「抱っこ」状況が実現しているとするのであれば、その評価は「よい」「悪い」の直線軸上でとらえられるのではなくて、むしろ関係性の場の現象そのものをだれもが質的に「ほどよい（good enough）」と感じられるか、それとも質的に「ほどよくない」と感じられるかによって決まる、といったように考えるのが適切といった話になるのである。

ところでウィニコットは「抱っこ（holding）」現象に伴って体験される「ハンドリング（handling）」についても母親と子どもの間の絶妙の関係性によってはじめて「ほどよい（good enough）」関わり合いが実現すると説いている。一般的に「抱っこ（holding）」といえば絶対依存を前提にした「丸抱え」感覚が基本にあり、その上で、ふれるとか、さわるとか、握るとかといったような関わりが随伴的に経験されるもののように思われる。「ハンドリング（handling）」についてウィニコットがわざわざ定義しているわけではなくて、親子であればだれでも自然に体験していることとして議論しているわけである。しかし、ひとたび「ほどよい（good enough）」「ハンドリング（handling）」といって考えようとすると、なかなか難しい問題が浮かび上がってくる。

適切で絶妙な「ハンドリング」

手をふれる、手でさわる、といったことを思い浮かべてみよう。

子どもがからだをどこかにぶつけて痛がっている時、母親が思わず抱きしめて「大丈夫だよ」と鎮めようとして、その際、ぶつけたところにさわって痛みを和らげようと試みたとする。痛みの種類と程度によって、そして痛みが発生した時からの時間経過によって、そして子どものコンディションによって、そしてもともとの子どもの性格によって、さらには当の子どもと母親の間の関係性体験の蓄積の質と量によって、最終的にどのような「ハンドリング（handling）」がその時その場での「ほどよい（good enough）」ということになるのかが決定されるとしなければならない。その時その場で、瞬時にほどよいハンドリングを実践できるのが理想的な「ほどよい母親（good enough mother）」ということになるのであろうが、現実的に思い浮かべてみて、そうそう簡単にどの母親も「ほどよい（good enough）」「ハンドリング（handling）」を実現できているとは思われない。

強く打ちつけてまだ痛みが生々しい時には、少し強めにその箇所に向けて「手を当てて」強くやさしく「大丈夫だよ」と声かけをするのが「ほどよい（good enough）」ことになるであろう。少し時間が経過して子どもの痛みが引きかけてきているように見える時には、「手を添えて」「なでなで」をするのが「ほどよい（good enough）」ということになるであろう。子どもの気持ちの中で打ちつけたシヨックの残渣の方が大きくなってきているように見える時には、「しっかりしてね」と声をかけながら、「よしよし」とか「トントン」してやるのが「ほどよい（good enough）」ことになるであろう。

実際、関わりとしての「ハンドリング（handling）」を幅広く眺めてみると、「ふれる、（手を）当てる、握る、用いる、取り扱う、運用する、処理する」など、さまざまな関わり行為が連想される。

とにかく「ほどよい（good enough）」関わりとなると母親の側の絶妙の感性もさることながら、加えて日常的に子どもとどのような関わりを積み重ねてきているかということが、実際の行為選択に向けての大きな力になるということであって、こうした「ハンドリング（handling）」ということを幼い時に適切に「ほどよく」受けてこれなかった子どもたちがのちのち心理的なひずみを露呈せざるを得なくなるというのがウィニコット的な問題形成論になる。これは同時に、そうした問題に根ざした心理的破綻に対して取り組んでいこうとする際の実践的アイディアを提供していることにもなっているのである。

心理臨床場面に思いを戻して考えてみると、われわれはクライエントの心の痛み、心の悩み、心のしこり、心の苦しみ、心のうらみ、心の悲しみ、など多種多様で限りない負荷と向き合わなければならない。母親の「ほどよい（good enough）」「ハンドリング（handling）」という議論から「痛みに対して心から寄り添う」「苦悩の心にそっとふれる」「決まらない心の迷いを受け止めて取り扱いの方向性が見出せるよう手助けする」「くたびれて倒れ伏した心に対してちょうど母親が背中をヨシヨシするように、慰め、いたわり、やさしくそっと休息させてあげる」「少し力を失って歩き出しにくくなっている心に対して軽く温かくトントンするみたいに声かけをする」などといったように、「ホールディング（holding）」に加えて「ハンドリング（handling）」から得られる関与のセンスを種々、備蓄してきているものである。

臨床場面のその時その場でクライエントとの状態や可能性との兼ね合いでまちがいのない関与をしていくのは当然の責務であるが、ウィニコットのいう関係性のセンスに従って関与の実践がおのずから決まっていくはずであるというのは、われわれがクライエントに向き合っている時、自分とクライエントのそれぞれの気持ち以上に、常に関係性のありようからくるメッセージにセンスを開いておかなければならないという意味で厳しいことを教えてくれているように思われる。

4　「絶対的依存」という関係性をめぐって❶

一つの有機体として存在し続ける…

これまで取り上げてきた「ほどよい（good enough）」「抱っこ（holding）」そして「ほどよい（good enough）」「ハンドリング（handlirg）」という母子間の交流についてウィニコット流に端的に表現するならば、「抱っこ（holding）」も「ハンドリング（あやし、なでなで）（handling）」も母親と子どもの合作による行為現象であるということになる。

この時、母子間での適切な合作を導いていく基本動機は、母親個人の内的動機に発するとか子ども個人の内的動機に発するという以前に、母親と子どもとの間でいわば無前提に感じとられる現場のナマのセンスといったものが先行していなければならず、そうしたセンスの互いに重なり合うところに沿って「抱っこする」実際の行為と「抱っこされる」実際の行為、そして「あやす」実際の行為と「あやされる」実際の行為が最終的に「ほどよい相互交流」として実現されていくとしたのである。

「抱っこする」「抱きしめる」といえば母親の側の主体的行為となり、「なでなでする」「よしよししてやる」といえば、これもまた母親の側からの主体的な行為といったことになる。もちろんここで客観的に点検してみると、産まれたばかりの乳児に対してはもちろん、たいていの幼い子どもたちに対しては、母親とか身近な大人が子ども自身からの明確な訴えがなくても、温かくて鋭い洞察力によって子どものニーズを読み取って適切な関わりを実践できているように見える。ウィニコットが「母親の乳児に対する原初的没頭（primary maternal preoccupation）」と呼んで、乳児期において母親が特別な関係機能状態にあるとしたゆえんになっているところである。とはいっても乳児の状態を公平に振り返ってみると、乳児の側からの発信というのはきわめて少ない。というよりもウィニコットがいうように、新生児の段階では子ども自身が「いったい何をニーズとしているのか」すら自覚的に体験できてはいない状態とみなければならない。

たとえば、母親であれば子どもに母乳を与えるというのは当たり前のように考えているが、実際に新生児の様子を見ていて「これはお乳をほしがっているのだ」と認識して判断するのはとても難しい。「お乳をほしがっている」と直感するのは、かなりの部分で母親の側のよい意味での先入観によるところが大きい。つまり母親の子どもに対する鋭い共感的、洞察的理解の根本（ルーツ）に「健康な病的状態とでもいってよい敏感状態」があると同時に、母親の子どもに対する「世代間文化伝承」に支えられた思いこみの能力が裏打ちになっているとしなければならないのである（注8・9）。

改めて言えば、新生児の心身状況は「自分が何をニードとしているか」という以前の状態であって、実はニードそのものが、母親との関係性の体験の繰り返しによって子どもの中に徐々に「体制化」されていくものなのである、としてよさそうなのである。あえて新生児の現存在としての「ニードになる前のニード」を読みとるとするならば、母胎からこの世に送り出されてきて、考えてみれば前後左右、上下までも見当のつかない文字通りの無力な状態に置かれているのだから、「とにかくどうにかしてこの混迷状況に折り合いをつけたい」といったところであろう。子どもとしては自分の身体コンディションすら自分の体験として感じられているわけではない。母親をはじめとする周囲の人間に世話をされていても母親や周囲がどのような意味をもった存在なのかわかっていない。要するに、自己（自体）も環境も対象も意味や役割を担った関係性の存在にはなり得ていないのである。恐ろしい話であるが、胎内の羊水に替わって空気が満ちて取り巻いているこの世の三次元空間に対してどのような形で位置すればよいのか見当もつけられないまま、とにかく存在し続けるということに向かって一つの有機体として活動していかなければならないのである。有機体としての身体が占める空間的存在性と神経的反応性という文字通り未分化で限られた存在センスに基づいて、自分とも周囲ともこの世とも「とりあえず折り合う」ということぐらいしか体験し得ていないといってまちがいない。

原初の関わりを手探りしていくもの…

ウィニコットがいうように、乳児にとって欲求とかニードといったものの以前に生存そのものを守護されるという段階があって、そうした原初の体験の積み重ねをベースにしてはじめて、欲求とかニードといったものが乳児の身体、神経感覚の中に体感的に浮き彫りになってくる、といってよさそうなのである。新生児や乳児はその生命的存在性を母親や周囲に委ねる形になっているが、考えてみれば想像を絶する根源的危機情況を体験しているのだとしなければならないのである。

ここでたいていの母親は新生児や乳児に対して「お乳を飲ませてあげよう」と試み、また「オムツを替えてあげよう」と試み、さらには「新たにこの世の森羅万象との折り合いのついた」「穏やかで健康な眠りに導いてあげよう」と試みる。言ってみれば母親の側にとって新生児段階というのはまだ子どもとの関係性の中から何ら明確なメッセージを受け取れない段階であるにもかかわらず、とにかく無前提、無条件に授乳をし、身辺の世話をやくといった関わりを行っていくものといえる。そして、その関わりが正しい関わりであったかどうかは授乳や世話の後に子どもの心身情況が「折り合いがついて大丈夫」であるかどうかということによってしか判断し得ない。こうした点から言うと、新生児や乳児に対する母親の関与の適否は方法技術的に点検されるものではなくて、あくまで母親の側の細心に見当をつけた目安行動の実践とその結果についての成否判断の蓄積によって、徐々にシステム化されていくものといってよいように思われる。

こうなると母親がどのような背景に基づいて目安行動のための見当をつけることができるのか、そしてまたどうして見当と目安だけを頼りに実際の関わりを繰り返し積み上げていくことができるのか、といったことが不思議にすら思えてくる。こうした思いを抱きながら改めて広く振り返ってみるならば、はじめて新生児を前にした母親が何の疑問もさしはさむことなく子どもにお乳をやり、排泄の世話をし、安定した眠りを保証してやるといったところには、母親の側に子どもに関わっていく際の基本的方法についての先験的枠組みが存在しているといってよいように思われる。母親はいわば子どもを前にして、それまで意識的無意識的に刷り込まれてきた子どもへの基本的関与のプランやビジョンに従って原初の関わりを手探りしていくものである、と言うことができそうなのである。

あえて言うならば、新生児に対する原初の関わりのための見当や目安を伝承的にせよ文化的にせよバックアップされていない場合は、当の母親は文字通りあてのないまま関わっていかなければならなくなるのだから大変である。もちろんそうした条件のもとでは、この三次元世界との根源的な関係性のセンスが無定見のまま構築されていくのだから、子ども側にとってはいっそう深刻なことになる。

ウィニコットが、母子関係は「セットアップ（つがい）」の中にあって関係性に基づいて営まれていくとしながら、なお新生児、乳児の段階ではその関係性は「絶対的依存」という性質の段階にあるとしてあえて注意を促したのは、ここに述べてきたような認識が背景になってのことにちがいない。振り返って整理するならば、ウィニコットのいう「絶対的依存」の意味するところは、「抱っこ」も「よしよし」も子どもからの反応以前にいわば文化的伝承や先人から継承された知恵のビジョンに従って無前提、無条件の試みとして子どもにチャレンジしていかなければならない段階があるということを明示したものといってもよいように考えられる。

心理臨床の現場において、ほんとうの無力状態に陥っている人とか、もはや存在し続けるという方向へ生命力が向かわなくなってしまっている人にまれに出会う時がある。そうした時、「絶対的依存」という言葉は、その背景にある新生児段階での関与の困難さについての議論を伴って生々しく迫ってくる。

5 「絶対的依存」という関係性をめぐって❷

極限の無力状態に陥ってしまって…

新生児から乳児の段階にあって子どもは自身の欲求とかニードといったものを体験するようになる以前に、無条件、無前提にとにかく生存そのものを絶対的に守護されなければならない時期を通るのであって、これは文字通りの「絶対的依存」としなければならないということを前項で述べた。

考えてみれば、母親や周囲にとって子どもの側から認知的に手がかりにできそうな情報はやってこないのだから、母親や周囲にとってわずかに手がかりを得られるのは自分たちがこれまで生きてくる間に意識的、前意識的に内面化することができてきた子育てに関する文化的伝承の内実からしかあり得ない、ということなのであった。

客観的マニュアルはもちろん、確証的指針のないままに、母親や周囲が自分たちの蓄えてきた知恵を頼りに、子どもにとってよかれと考えられる関わり方のイメージを描き出したり直感的展望を導き出したりすることによって全く無力の新生児、乳幼児に関わりを試みていくというのは、よくよく考えてみればとても恐ろしいことである。その関わりが正しい関わりであるかどうかは、授乳とか身辺の世話の後に子どもの心身情況が「折り合いがついて大丈夫」になっているかどうか、ということによってしか判断し得ないのである。

乳幼児と親との原初的関係性の出発である「抱っこ（holding）する」「よしよしとあやす（handling）」そして「母乳やミルクを差し出す（object presenting）」といった関与の原点には、子どもたちからの情報や手がかりを求める以前に、自分たち自身の知恵とセンスに基づいて世話をする親たちと、一方、受身的体験として感覚する以前に存在の丸ごとを委ねてしまう子どもたちの双方が当たり前のようにふれ合って関わり合うという場面が展開しなければならないわけである。いわばこの段階での子どもの側からの身の委ね方は、文字通り無前提、無条件であり、また親たちの側からの意識的点検にとらわれない手の差し伸べ方は文化的直感をベースにはしているものの、別の意味でまた無前提、無条件のものといってよい。相互性という枠組み以前のこうした交流が実現する親と子どもの双方には、相対関係の始まり以前の絶対的相互布置への約束が子どもの誕生以前からすでにとり包んでいたものにちがいないと思わされるところがある。

ウィニコットがさほど定義することなく明示した「絶対的依存」という関係性の事態は、このような吟味をもとにするならば、通常の日常的センスのもとではとうてい実体験できるような種類のものではないと考えておかなければならない。その意味では、実際の乳幼児期親子関係以外の人間関係場面でここに述べた「絶対的依存」の関係を現実に繰り広げなければならないとなると、ほんとうは途方もないセンスとエネルギーが準備されていなければならないことになる。

ところが実際の心理臨床の現場において、クライエントが究極の不安に飲みこまれて新生児の状態に匹敵する極限の無力状態に陥ってしまい、カウンセリングの場であるにもかかわらず「絶対的依存」の姿をそのまま横たえてしまわざるを得なくなることがないわけではない。

新生児の絶対的依存がそうであったように、クライエントは何がどのように起きているのかということを説明することもできない。どれだけ丁寧に質問しても、返事をするためのコミュニケーション手段そのものが崩壊して霧消したかのような印象を受ける。もちろん指示や説諭などというのは届きそうにない。局面において何をどのようにするかのほぼすべてがカウンセラーの側に委ねられてしまう事態である。

人間存在としての尊厳を守り支えるために…

大事件や大事故や大災害に遭遇した方々の中には、茫然自失を通りこしていわゆる生命力そのものが衰えてしまったかのように生活の根本的な形そのものまでバラバラに喪失してしまわれる方が時折おられる。意志存在としての人間の原点にまでさかのぼって絶対的な無力状態に身を置いておられるといった印象である。生活体としての個体の維持どころか基本的生命維持への動きすらこちら側の取り組みに託されてしまったかのような思いに引きずりこまれてしまう。

こうした状況においても受容や共感や傾聴が関与の第一歩になることはまちがいないところであるが、それだけでクライエントが自発的に自己を有効に生きるようになるとはとうてい思えない。目の前のクライエントに対してカウンセラーとして積極的に何を行うことができるかを深く吟味してみなければならなくなる。そうすればするほど、結局のところは人間の無力とか主体性や自発性の喪失や崩壊といったことにカウンセラー自身がどのように取り組んでいけるのか、といったことが課題になっていかざるを得なくなる。

ちょうど、絶対的依存状態にある新生児に対して親の側が自らが抱く直感センスに従って関わっていかなければならないのと同様に、カウンセラー自身も究極のところ目の前のクライエントに対して人間としての根源的生命性を支え、また人間存在としての尊厳を守り支えるために無前提の感覚で関わりを模索していかなければならない。この時、まちがいなくカウンセラーの心の中では人間の存在性に対する根本的センスを探り当てて実践的関与のための手がかりにつなげていきたいという思いが生じる。しかし臨床の現場において、カウンセラーとしての意識的試みがうまく自分を導いてくれるということは難しい。結局のところは、カウンセラー自身がちょうど母親が新生児に向けて生きるとか存在するということについての自分自身のセンスを支えにして関わっていくように、自分自身の人間観や人生観、死生観といったものに手がかりを求めながら、生きるビジョンや展望をクライエントの心身に向けて注ぎこむといった試みしか道はない。

ほかにも臨床的知見の観点からすると、いわゆる統合失調症といわれる人たちの中には周囲がどんなにやさしく言いきかせても、また、どんなに心をこめてお世話しようと努めたとしても、根本的に自分の生命維持に向けてもはや有機体としての意思が注がれないかのように見受けられてしまう例がある。実際、恐ろしいことに飲食はじめすべての生理的欲求機能に全く所為が届かなくなってしまい、仰臥したまま無動状態を続けようとする人に出会ったことがある。文字通り生命の終わりに向かって存在のすべてのベクトルを停止していっているとしか見えないといった感じである。その人の生命体としての存在のすべてがこちらに委ねられてしまっているという意味で、「絶対的依存」の関係性を受け止めなければならなくなるのであって、臨床実践的に関与する専門家としてはとてつもない重荷を抱えさせられてしまうことになるものである。臨床的人間関係性の観点からすると「逆転移の効用」などと説明を試みることもできそうであるが、ほんとうのところはそうした人の傍らにいて、生きていくという方向性にその人の存在のベクトルを向けることができるかどうか、ということにかかってくるわけである。

ここでももちろん新生児に対する無条件、無前提の積極的関与の体験が方向を指し示してくれるように思われるが、実際、すでに大人であるそうしたクライエントを目の前にして新生児に向ける思いと同様の思いを向けるのは難しい。関与の方法についても必ずしも新生児の「絶対的依存」に対する姿勢を向けることができるとは限らない。しかし、こうした絶対的依存のクライエントに対して生命存在としての根源的尊重を何とかして息吹として吹きこんでいかなければならない。せめてカウンセラーとしての関わりの質を、新生児を前にした時に体験する絶対的依存への「覚悟」といったようなものに重ね合わせられないかというのがウィニコットの教えでもある。

6　はじめて自分でないものを所有する体験
――「ポゼッション（所有）」ということでウィニコットが伝えたかったこと

乳児が外界の対象に主体的に関与するという体験

ウィニコットは「絶対的依存」の状態から主体性感覚の能力が生まれてくるプロセスの始まりとして「ファーストポゼッション（first possession）」「ノットミィポゼッション（not me posession）」の体験、すなわち客観的に見て乳児自身でないもの（自分でないもの：not me）を所有する体験の中にその端緒があると認めた（注10）。

ファーストポゼッションもノットミィポゼッションも一般的には聞きなれない表現であって、臨床心理を学ぶ者の中ですら戸惑う向きがないわけではないのが実情であるが、実はここには対象関係論の展開に関わってさまざまに意味深い論点が含まれているのである。ウィニコットが「ポゼッション（所有）」という表現で示そうとしたのは次のようなことである。

乳児ははじめ絶対的依存と呼ぶべき一方的に世話をされる状況の中で、いわば哺乳という行為を通じてのみ外界（ここでは母親の乳房、哺乳瓶の乳首）と積極性を伴って関わっていたといえるのであるが、一ヶ月から二ヶ月と順調に経過してくると乳児自身の掌の中に大人の指やおしゃぶりやガラガラおもちゃなどの初歩的なおもちゃを握ることができるようになる、という展開に着目して、その意味を明確化した。普通の母親や普通の周囲の者たちであれば、授乳だけで生きている子どもに対してけっこう早くから自分たちの指を握らせてみようとしたり、持ちやすい安全なガラガラおもちゃを掌にあてがって押しつけてみようと試みたりする。もちろん乳児ははじめいわゆる反射の反応で掌を閉じようとする程度のことしかできないが、いずれしばらくすると確かに対象を把持し、支配し、振り動かし、振り回し、自分の顔の前で動かすこともできるようになる。もちろん乳児が自分で所有物を動かすといっても当初は自分が動かしているという感覚は希薄なものである。それでも母親や周囲の者たちは何度も何度も乳児の手を動かしてやり、そのうち乳児が握っている所有物の方を持って揺り動かし、乳児の側が自分の腕や手が動いているという感覚を自覚できるようになるよう促そうと心がけるようになる。ウィニコットは、ここに乳児が外界の対象に主体的に関与するという体験を始める端緒が認められると考えたのである。

考えてみれば乳児が生まれながらに具えている感覚機能や運動機能は、いわば本能的布置によって支えられたものである。動物行動学的には確かに乳児自身が行為していることではあるが、われわれが「自分」と呼んでいる主体感覚とはある意味ではかけ離れたものである。ウィニコットは本能的布置に基づく反射的行為は「神経と精神」の体験にとどまり、自分という主体感覚が体験されるようになることによってはじめて「心の領域」が形成されてくると説いた(注11)。言いかえるならば、ウィニコットによれば心の領域とか心の働きというのは、外界や周囲の対象に主体感覚をもって関わる経験ができるようになることによって文字通り「自分の体験」の集積として記憶され備蓄されていって「心の世界」なるものが構築されていく、という話になるのである。ここでもウィニコットの基本的観点である母親と子どもが相互に共同的に体験を積み上げていくという見方がこめられている。つまり、母親や周囲の者は、乳児が単なる把持の反射を行っているにすぎない段階から何か対象になるものを持たせて、握ることから振り動かすことまで、すべてを乳児自身が自分で行っている体験なのだと感じさせようと努めるのである。こうした関与に助けられて、乳児は体と対象がセットになって動いていることについての神経的感覚経験とその記憶を、「自分」という感覚の原型として集積していき、徐々に「自分意識」としての認識記憶化に向かっていくということなのである。自己感とか主体性感覚とか自分感覚といったものが母親と乳児の協同的な意味での合作体験によって導かれていくというのがウィニコットの結論的見解ということになるのであるが、それ以前に、乳児がはじめて外界や対象と「関わる」とか「関係する」という体験を感覚するようになること自体が、母親や周囲の配慮に基づいて乳児の体験の中で体験化していくことができるのである、というのがより大きな力点になっているといってよい。

自分という存在が外界の意味ある対象と…

「絶対的依存」の体験の中で抱きかかえられている状況から、徐々に乳児は自分の方からもしがみつくことができるようになる。さわられて反射的に反応している状況から自分の側からもふれていくことができるようになる。仰臥して目を開き、そして抱っこされて周囲に視線を向けているという状況から自分で注視できるようになっていく。母乳やミルクを与えられるままに受け身的に飲んでいる状況から、口で乳首を探し食らいつくかのように自分から口に含むようになる。こうした乳児の「ファーストポゼッション」「ノットミィポゼッション」の始まりから変化、成長していく過程の中に、ウィニコットはこの世における「自分」という存在の感覚と外界やあらゆる対象と「関わる」こと「関係する」ことの能力の獲得の原点を見出したということである。

対象関係論の始祖とも位置づけられるフェアバーン（Fairbairn, W.R.D.）は人間の最も基本的で中心的な能力は、対象と関係する能力、すなわち「対象希求本能」であるとした。(注12) もともと精神分析においては本能欲動を中心軸においてその満足不満足の体験が結果的に心のありようを決定していくと考えるのがオーソドックスな発達観といってよい。

それに対してフェアバーンは、乳児が母乳を求めるのでさえ「対象への関わり」つまり自分の不全状態を何とかしてくれる何物かを模索するというのが行動動機の中心軸なのであって、哺乳に関わる満足とか不満足というのは対象を模索しようとする動機の強さを規定する役割を果たしているだけなのである、としたのである。いわば本能欲動の満足を人間の中心的望みとして人の心と行動を議論していこうとするのに対して、自分という存在が外界の意味ある対象と意味ある関係をもつことが基本的な満足体験である、としたといってよい。(注13)

こうしたフェアバーンの論はいささか思弁的な感があるのに対して、ウィニコットが対象と関係する体験の原点を、対象を「所有すること」に見出し、そこから逆に人間の「自分」という感覚が分化、結晶化してくるとしたところには、きわめて実践的な議論ができる道を切り開いてくれたという意義があるのである。実際の心理療法、カウンセリングの現場ではカウンセラーが解釈や介入をすることはクライエントにとってはたいてい新しい体験であり、それを自分のものとして内面化していこうとするのは「ファーストポゼッション」に匹敵する体験をすることになる。クライエント自身にとっての新しい発見も、それがどれほど深い意味があろうとも、その時その場においてはまちがいなくクライエントにとっては新奇な認識と直面することになってしまうのであって、そうした認識を自分のものにできていくかどうかがカウンセリング進展の成否に影響を与えるものである。「ノットミィポゼッション」「ファーストポゼッション」という着眼でウィニコットが示した「関係すること」と「自分という存在感覚の獲得」に関わる知恵を実践場面で大切にしていってほしいと考える。

7　関係の中の自分感覚体験

「心なるもの」の実体験化

前項で、ウィニコットが、ポゼッション（対象を保持する行為）という乳幼児の所為を、乳幼児自身の外界対象と関わるはじめての体験であると指摘して、また、その行為が生物学的本能満足を志向したものとは認められないところに重要な特徴があるとした、ということを紹介しておいた。乳幼児は、はじめ周囲の母親や大人から握らされるままに反射的にガラガラなどを握る（「ファーストポゼッション（first posession）」）のであるが、そのうち明白な自分の意志とまでは言えないものの、主体的に腕や手を動かして対象を保持するという段階に至る。

考えてみれば、そもそも哺乳という行為についても、本能的に空腹を満たすための欲動的な行為といった見方で受け止められるのが普通であるが、実は乳児がまず取り組んでいるのは母親の乳首や哺乳瓶の乳首を口に含んで保持することなのであるという見方もできないわけではない。言ってみれば、乳首を確保し保持するという行為の達成成功の後に、引き続き母乳やミルクが口腔から食道、さらには胃から腸へと流れこんでいって、哺乳という生物学的欲求の充足に至るということなのである。生物学的欲求充足の動機よりも対象を確保し保持しようと意志することの方が優先的な動機になっているという見方は、実は近代的人間行動形成論からすると異色のことである。つまり近代科学的人間論においては身体性の本能欲求につながる経験があらゆる経験の起点とされ、そうした身体性の欲求の満足や不満足の体験が記憶痕跡となって脳内に蓄積されていくことで心というものが形成されていくとしたのである。(注14)

これに対して、人間としての所為が、いわば内臓的な欲動満足に向けて発動するよりも、対象（乳児においては乳首から始まる）を口に含み確保するという対象との関係確立の方がより優先的な動機になっている、というのがフェアバーン（Fairbairn）の考え方なのであった。(注15) ここに彼を対象関係論の始祖とする理由があるのであるが、このような見方をさらに推し進めるようにウィニコットは、本能的布置に基づく反射的行為は「神経と精神」の体験にとどまり、対象との関係を体験の中で自覚的に経験することができるようになる中ではじめて自分が感覚されるようになっていくとともに、結果的に「心なるもの」が実体験化されていくとしたのである。つまり、ウィニコットの見方では、自分というセンスも心という体験感覚も生物学的本能の満足、不満足に根拠をもって構築されていく以上に対象との関わりの成功、不成功の体験感覚によって形成されていくことの方が重要なプロセスであると考えられたのである。対象と関わり対象との関係を保持しようとする行為を欲動の満足のための付随的行為と見るのではなく、「対象希求本能」と呼んで行動に向かう中心的動機と考えることによって、心の体験プロセスについての見方が必然的に変わってくるのである。(注16)

「望まない乳幼児」といった難しい状態

改めてフェアバーンの基本的考え方を整理しておくならば次のようになる。乳児は自分の不全状態を何とかして解消しようと何かを求める。つまり何とかしてくれるかもしれない何ものかに向けて関わりを試みようとする。そこに母親や周囲が自ら乳児にとってあてになる何ものかとして登場し、乳児の不全状態のもとになっているかもしれない生物的飢餓を解決するはずの母乳やミルクを含みもった乳房や哺乳びんを持って、その先端の乳首を乳児の口に向けて差し出して乳児の口と乳首との関係が確保されるように采配する。そうすると乳児の吸引反射によって哺乳行為が実現し、結果的に乳児の飢餓が解消されることになっていくという話である。(注17) 外界対象との関係についての優先順位が逆転するようなこうした対象関係論の考え方によって、乳幼児の経験は、実ははじめから母親や周囲の大人たちとの相互関係によって決定的に影響されながら展開していくのだということが浮き彫りになってくる。

乳児に対して母親や周囲がどのような相互関係を提供してくれるかということが乳児の体験の量と質に決定的影響を与えて、結果的に乳児の中に蓄積されていく関係体験記憶の質量が決まっていくということになるわけである。蓄積されていく体験記憶の質量は、時間的に繰り返される経験の中で影響を受けながら次第に構成的に形成されていくと想定される。このようにみてくると、乳児が自分を自分として体験していくようになるプロセスというのは、その始まりからきわめて関係性ということに支配されているということがわかる。母親や周囲が乳児の不全状態に対してうまく対応して、乳児が体験する原初的な関係体験をスムーズにできるかどうかが、乳児の体験の性質に影響を与えていくのである。こうした視点から経験の対象というところに目を向けるならば、対象との関係体験ははじめから関係性に支配されているものであり、いわば対象そのものがもともと関係性という要因をはらんでいるといってもよさそうに思われる（実際、ウィニコットの弟子にあたるクリストファー・ボラスは原初からすべて対象は関係対象である、と言っている）[注18]。

ウィニコットは、関係性という観点から体験ということに対して次のような注意を促している。乳児の不全に対してうまく対応していくことは周囲の者にとって当然の課題であるが、逆に乳児の体験の側からすると、あまりにうまく対応しすぎると乳児自身が自分としての体験感覚を自覚できる機会を奪ってしまうことになる。もちろん反対に不適切な対応しか受けられず慢性的に不全にさらされ続けると乳児は自分の不全状態の解消への期待をもてなくなってしまう。「望まない乳幼児」といった難しい状態が生じるのである。以前、乳児の絶対的依存状態ということについて論じておいたが、よく考えてみれば絶対的依存の状況においても、母親や周囲が乳児に対してパーフェクトな関係体験の供給を志向しすぎることは注意しなければならないということになる。乳児自身の体験蓄積の発展のためには、必ずしも適切ではないという話になるのである。

ウィニコットの関係性の体験という論点に立つならば、どのような体験も最終的に「グッドイナフ（good enough）」といった「ほどほど」の按配に収まるのが適切であると強調していることが思い出される。「ほどほどによいこと」「そこそこよい加減」であることということから「まあまあうまくいっていること」、そして「おしなべてトントンであること」などがイメージさせられる。前の項で取り上げた乳児の対象ポゼッションということになると、ここに述べてきた関係性の議論、関係対象といった議論がいっそう重要な関わりの課題になってくる。乳児が自分自身の力で握っているのかどうか自覚的には感覚できていない段階からガラガラなどの対象を掌に当ててみることを試み、最終的に

「グッドイナフ」といった体験イメージに収まっていくように、まずはうまく握らせることから始めて、徐々にタイミングを見計らってショックのない程度にそこそこ失敗することも交えていく、というのが適切な関与ということになるのである。

関係性の体験が行われていくプロセスの中に、自分というものが体験感覚として結晶化されてきて、その後、自分と世界という対象世界の仕組みに目覚めていくことが展望される。

8　世界に向かって自分で歩み出すこと
――臨床実践のゆくえ

独り立ちへの支援

心理臨床カウンセリングにおいて一定の長い期間を共にすると、クライエントが独り立ちしていくのをどのように後押しして送り出すかということが大切なテーマになってくる。分離とか個体化とか独立とか自立といった表現で議論されてきているものである。いろいろな動物を見回してみると、生後、短期間のうちに自分の足で立ち、速やかに自分の力で生きる糧を獲得することができるようになるものが少なくない。そうした様子から人間にも自分で立つ力が無条件に具わっていると考えてしまう向きがないではない。かつて不登校の子どもたちの支援の際、「じっくりと家の中で温かくして甘やかせてあげたら自然に学校へ行くようになる」といった見解が専門家の間で幅を利かせていた時代があった。今でも「問題行動は愛情不足から出現してくる」と断じて、その結果「やさしさ、温かさでそっとしておくことが改善の近道である」と強調する専門家の声をそこかしこで耳にする。

全面的にまちがっているわけではないのであるが、心理学的に多少困難なひずみを内包しているクライエントの場合、同じ不登校という問題現象の改善がテーマであったとしても、最終的に家から外へ出る、地域を通って学校の門をくぐる、そして教室へ入る、といった各ステップで立ち止まり後ずさりして、もう一度しゃがみこんでしまって家の中へこもってしまうということが起こるといった例は少なくない。こういう段階での臨床実践的関わりはたいてい、担当者の日常生活上のセンスに基づいて、それぞればらばらのアイディアに沿って行われるしかないといった印象である。せいぜい精神分析の理論に依りかかって、問題解決の最終段階には「徹底操作」という行きつ戻りつの過程が不可避なのであると励ましたり慰めたりするくらいが精いっぱいの方法論のようである。改めて振り返って、臨床実践のプロセスの中でおのずから自力で自分を生きようと歩みを進めようとするクライエントには、後ろからそっと見守るのが最も適切な関与といってよい。しかし、いろいろ手をつくしても、どうしても自分を生きるという基本的営みを自分の意思で実行していくことが困難な人たちがまちがいなく存在する。一見して、すでに心の状態としては十分な安定を獲得しているように見えるのに、家の中でしゃがみこんだままいっこうに動き出そうとしないクライエントがわれわれを悩ませるのである。

横抱きから「タテ抱き世界遊行」へ

人間がはじめに自分の力で歩み出す時を思い出してみると、一人立ちのよちよち歩きの姿が目に浮かんでくる。手を差し伸べ声をかけて励ますことで、赤ちゃんは自分で歩くという「擬似独り立ち」を経験できる。そしてやがて、自分で歩けるようになっていくのである。これはこれで絶妙の関係性のもとで実行されていかなければ子どもの一人歩きへの道を「ほどよく（good enough）」経験していくことにはならないのであるが、さらに振り返ってみると、子どもにとって、世界に向かって自分で歩み出すということが自分にとって意味があることなのだ、という認知感覚がどうやって育まれたのかということについて考えてみると、けっこう難しいことに気がつく。

改めて考えてみると、子どもは生まれてすぐの時から横抱きに抱っこされ、よしよしされ、トントンされながら、横にさせられ、寝かせられ、その間に授乳とか身体の清潔管理とかの世話を受けて時間を過ごしていく。たいていのちになると記憶があいまいになって忘れてしまうところであるが、はいはい（這い這い）やヨチヨチ歩きに至るまでに、けっこう長い時間を過ごす。前項までに説明した「ファーストポゼッション（はじめて自分でないものを所有する体験）」、すなわち赤ちゃんにとって自分を取り巻く現実に向かってはじめて「能動的に」関係を結ぶという体験を通して、いわば日常的意味での世界内自己存在としての歩みに入る。

実はこの後、ヨチヨチ歩きから一人歩きへと進んでいくまでの間に、大変微妙で大切な世話を受けているということに着目しなければならない。言われてみれば他愛のない事象のように受け止められるかもしれないが、この時期に赤ちゃんは横抱き、よしよし、トントンの関わりから「タテ抱き世界遊行」、もしくは「タテ抱き宇宙大冒険」の体験に移っていくのである。横抱きも寝かせも、よしよしもトントンも母親的、ないしは女性的関わりとするならば、タテ抱き遊行は父親的、ないしは男性的関わりといった印象である。人間には長い時間をかけて直立二足歩行の本能因子が受け継がれるようになってきたらしいが、赤ちゃんの段階で無条件に二足直立ができるわけではない。ほんとうはタテ抱きなどしなくても、受け継がれたプログラムに沿っていずれは這い這いするようになり、ヨチヨチから二足歩行へと進んでいくのかもしれない。しかし、実際にはどの親もタテ抱きをして家の中を歩き回り、少しは外へ散歩に出かけようとする。

どこまでが科学的に解明されたことなのかは定かでないが、タテ抱きによる擬似的な直立二足歩行の体験は脳に対して高次の刺激を与え、だからこそ子どもはタテ抱きされた状態のままで前方にからだを投げ出そうとしたり、全身の筋力で飛び上がろうとする勇気に満ちた大冒険をしかけようとすることができるようになるというのである。確かに、子どもにも基本的な危険察知能力は具わっていることが知られている。しかし、そうした危険察知にお構いなくタテ抱きされた子どもは目を輝かせながら当たり前のように世界遊行の体験を自分からおねだりしてくるようになる。こうした点を考えると、客観的にみるなら擬似的ではあるものの、タテ抱きによって実現する直立二足歩行の世界遊行は、子どもにとって文字通り生まれてはじめての取り巻く宇宙に対する能動的、積極的な関与の体験を意味することになるといってよいように思われる。しかもそれは子どもの側にとってみれば、タテ抱きという擬似的な直立二足歩行の形をとっているがゆえに、実は逆に絶対的に安全が保障されるというしかけになっており、またそれがゆえに面白いことに、むしろ子どもはのちに実際に自分自身の足で歩くことができるようになってから体験できる世界遊行よりも、よっぽど大胆に世界を冒険的に体験できるというしかけになっているのである。

ほどよく横抱きされ、寝かされ、ほどよく身体の世話をされてきた子どもが安心と安全の感覚をものにすることができたところで、今度はタテに抱かれて世界に向けて大胆に歩みを進め、人や物との関わりを冒険していくことができるというプロセスが、のちのち対象関係の困難にぶつかった時それでも前に向かって自分をさらして大胆に歩みを進めていくための原動力になると考えられる。はじめにふれた「甘えや依存」を十分味わったからといっても、なかなか外に向けて歩みを始めようとしないクライエントへの関わりの難しさを思い起こすと、根源的に安心感と安全感といったことへの感受性は獲得していたとしても、よい意味での万能的冒険心といったものを根付かせることができていなかったのではないか、といったことを思い浮かべさせられる。

現代という時代は自立、独立といったことがことさら強調される。もしかしたらタテ抱きによる世界冒険も、「擬似的」というだけで大切に評価されないことになっているのかもしれない。しかし、ここに述べたように、擬似的であることを超えて、もしかしたら反対に擬似的であるからこそ、自分という存在そのものを世界へ投企するということを大胆に経験することができるという点を再認識しなければならないのではなかろうかと考えられる。実際、最近の若者の自立に向けてのカウンセリングの終わりの過程では、象徴的な意味で「安全を確保した擬似的な冒険」の形で、社会への歩み出しのためにいっしょに二足歩行を進めていく姿勢が大切なように感じている。

《第4章◆注・文献》

(注1) Winnicott. D.W., *Collected Papers: Through Paediatrics to Psycho-Analysis*. Tavistock Publications, London, 1958.

(注2) ウィニコット、D.W.著、北山修監訳『児童分析から精神分析へ』(「ウィニコット臨床論文集Ⅱ」) 岩崎学術出版社、一九九〇年

(注3) スィーガル、H.著、岩崎徹也訳『メラニー・クライン入門』(「現代精神分析双書 第Ⅱ期第1巻」) 岩崎学術出版社、一九七七年

(注4) クライン、M.著、西園昌久、牛島定信編訳『愛、罪そして償い』(メラニー・クライン著作集3) 誠心書房、一九八三年

(注5) ウィニコット、D.W.著、橋本雅雄訳『遊ぶことと現実』(「現代精神分析双書 第Ⅱ期第4巻」) 岩崎学術出版社、一九七九年

(注6) Winnicott. D.W., *Human Nature*. Free Association Books, London, 1988.

(注7) (注5) ウィニコット、D.W.著、一九七九年と同じ

(注8) (注1) Winnicott. D.W. (1958) と同じ

(注9) (注2) ウィニコット、D.W.著、一九九〇年と同じ

(注10) (注5) ウィニコット、D.W.著、一九七九年と同じ

(注11) (注6) Winnicott. D.W. (1988) と同じ

(注12) フェアベーン、W.R.D.著、山口泰司訳『人格の対象関係論(人格の精神分析学的研究・上巻)』文化書房博文社、一九八六年

(注13) 川上範夫『母子関係の萌芽』(馬場謙一他編『母親の深層』(日本人の深層分析1) 有斐閣、

一九八四年
（注14）（注12）フェアベーン、W.R.D.著、一九八六年と同じ
（注15）（注13）川上範夫、一九八四年と同じ
（注16）（注６）Winnicott. D.W.（1988）と同じ
（注17）（注12）フェアベーン、W.R.D.著、一九八六年と同じ
（注18）ボラス、C.著、館直彦、横井公一監訳『精神分析という経験――事物のミステリー』岩崎学術出版社、二〇〇四年

第5章　関係性の心と臨床実践の知恵

ウィニコットの考え方に基づいて「関係性の体験」のあり方をクライエント理解のための基準にして、また、クライエントとの間の「関係体験」の質を実践上の関わりの手がかりとしていくならば、いろいろ新しい視点が開けてくる。ウィニコットの論は子どもとか親子関係に関するものと理解されている向きもあるが、実はよく読み取ってみると、彼の思想はユングに匹敵するほどの人間性に対する普遍的な見方を具えていると認められるのである。実際、今、世界中で精神分析、対象関係論、自我心理学は言うに及ばず、さまざまな臨床実践の現場において、学派を超えてウィニコットの見解は広く深く力を与えてきている。

本章の話題も、乳幼児と母親の関わりについての議論から始まっている。ウィニコットの母子関係についてのさまざまな見解が対象関係論に多大な影響を与え、さらに引き続いてウィニコット自身が対象関係論から独立派へと歩みを進めていくことになった必然性を読み取っていただけたならば幸いである。言ってみればそうしたウィニコットの思考の変容プロセスは、合理科学的思考に基づく精神分析的人間観から普遍性をも透徹した人間論へと飛翔していったプロセスになっている。ウィニコットのユーモアセンスやウィットに目を向けて、彼のセンスを逆説の活用という視点から受け止めようとするのが一般的であるが、彼がたどり着いた人格観、人格形成観、人間関係観は、実は普遍に向けて開かれた体験感覚に導かれて繰り広げられる、まさに超越的スピリチュアルな心観、魂観なのである。

この第5章を通して、人間関係の実践的場面を思い浮かべながら、関係性の体験という着眼からもたらされる実践の知恵を心に浮かび上がらせていただきたいと考える。私にとってウィニコットとの交流の軌跡はまだ途上である。思いや着眼は、ともすればらせん状に行きつ戻りつしてしまう。今後なお、着眼や洞察を自覚的に点検吟味していくつもりであることを添えておきたい。

1 「関係対象」の考え方と「気配を察することのできる能力」

母親から受け止めてもらえた子どもは…

ビオン（Bion, W.R.）は母親と乳児の対人・対象関係の様相の観察から、乳児が乳児自身にとって一人で処理しきれない情緒経験、感情体験を経験している時、そこに付随している不必要で不適切な情緒や感情の部分を母親が受け止めて吸収し、乳児の受け止めやすい言葉や表現に置き換えて返していくといった場面が展開するのを観察し、母親が乳児に対して発揮するレヴェリィ能力（reverie、情緒的負荷を浄化して返す）と名づけた。そしてこうした関わりをしてもらえた子どもは、自分の感情、情緒はもちろん、自分が体験するさまざまな局面を不安と恐怖で迎えるのではなくて、「何とか大丈夫だろう」といった予感を支えにして受け入れることができるようになると言った（注1・2）。

実際、子どもの様子を観察してみると、一歳に満たない乳幼児段階であっても、明らかに一人ひとり、新たな体験というものへの基本的な受け止め方の構えというのが異なってくる。そもそも振り返ってみると、クライン（Klein, M.）が投影性同一視とか取り入れ性同一視といった時（注3）、子どもから母親への不快な情緒の投げこみとか注ぎこみといったからくりを出発として、子どもの心の世界の始まりを描き出したものであった。このことをビオンの立場から言うならば、母親からのレヴェリィを保証してもらえた子ども、すなわち受け止めて清めてもらえる関係を保証された子どもたちが、母親に対して安心して投影をしかけたり取り入れをしかけたりできるということになるのである。
　実際、生後まもなくから子どもは周囲の空気、特に関わってくる人間の気配を察する能力を敏感に発揮するものである。とりわけ自分に近づいてさわってくる人間が、自分に対して肯定的な心情にあるのか否定的な心情にあるのかといった点になると、ほぼまちがいのない峻別力で仕分けてキャッチできる。こうした点から言うならば、クラインがいう投影性同一視も取り入れ性同一視も、子どもたち自身の体験としては、ただ闇雲に投げこんだり取りこんだりするのではなくて、むしろ相当早い時期から自分に対して関わってくる周囲の人間のかもし出す気配を察して、そうした気配の質を手がかりにして自分の体験感覚を投げこんだり取り入れたりするものである、といった方が適切ということになるのである。
　このようにみることで、まずはクラインとビオンの母子間のドラマについての異なったシナリオを矛盾なく受け止めることができるようになると思われる。つまり言いかえるならば、子どもが自分の心身の安全のために自分の内面の不安や恐怖を母親や大人に投げこみ、自分の心身の安全に寄与しそうな何ものかを母親や大人から取り入れるといった営みには、それとほぼ同時に母親や大人との関係性そのものからかもし出される雰囲気とか空気といったものに敏感に反応しキャッチするという感性と能力を備えているのだと認めた方が、より子どもの実際の姿に適合するといえそうなのである。

虐待を受けてきた子どもが、実は…

改めて振り返るならば、たとえ乳児であろうとも子どもは親や大人たちに対して、その大人たちと自分との関係性の状況に基づいて泣きついてみたりしがみついたりする。その一方で、親や大人たちとの関係性が危険なものである場合には、子どもは不安な表情のままそうした場面と時間とを何とかやり過ごそうとがんばる。実際、乳児や幼児と接する仕事をしている者であれば、彼らが実に敏感に周囲の人間を選り分けて受け止め、驚くべき繊細さでおねだりの表現を変えてくるものであるということを見てきて知っているはずである。ところが一般的な大人の常識として、多くの人たちが赤ちゃんだからとか子どもだからということを口にして、乳児の段階では子どもたちが心に傷を負ったり痕跡を残したりすることを心配しなくてもよいと考えているように思われる。確かに幼い子どもたちは体験したことを忘れる能力には優れている。「さっき泣いた子がもう笑っている」という光景はそうした能力の表れといってよい。

しかし、こうしたことは、乳幼児が周囲の大人たちに関係性の体験をしかけていく時に予測や判断をもつことなく行き当たりばったりに関わっていくということを意味してはいない。周囲との関係場面からかもし出される空気の質、すなわち気配といったものに敏感に反応しているのである。言ってみれば、子どもたちは乳児の段階ですでに周囲との関係で敏感にストレスを感じて反応しているのであるが、同時に新しい局面への適応的そして順応的な能力があまりにも活発であるために、大つかみにみるならば、乳児たちの体験の中ではまるでこだわりというものが残っていかないかのように見えるだけのことなのである。

このようにみて改めて考えてみると、乳幼児や子どもたちは、個人ないしは個体としての意志行動以前に、まずは関係性の場に自分の身を置くことから始まって、そこにアプリオリに漂っている気配の質に合わせて、すなわち「気配を察して」自分自身のあり方や行動を選択していく、というのが人間関係事象のほんとうの発生順序であるにちがいないということになる。つまり、ビオンがいう原初的な乳幼児の関係体験は母親の側からの働きかけから出発して物語が始まることになっており、一方、クラインのいう原初の関係体験は乳幼児の側からの投げこみや取り入れから始まって物語が展開していくということになっているが、実は、子どもたちは乳幼児段階から周囲との関係性に流れる空気の質、すなわち「気配」と呼ぶことのできる環境に敏感に反応することができる能力をもっていて、その気配を察して適応することから人生の物語を始めているというのが実態なのではないかということなのである。

以前にボラス[注4]（Bollas, C.）が内的対象、外的対象の確立の前に関係対象との関係という体験の入口があると述べているということにふれた。ウィニコット（Winnicott, D.W.）が「トランジショナルオブジェクト（移行対象）（transitional object）」と呼んで「内的対象、外的対象の以前にトランジショナルオブジェクトの体験が根本である」[注5・6]というのも同じような主旨である。ここに述べてきたところは、実はボラスやウィニコットのいう原初的、根源的対象関係体験というのが、実際的には乳幼児の気配を察するというところに始まっていて、乳幼児の体験の質はこうした「気配を察する能力」に支えられてさまざまに広がりをもっていくと理解してよさそうである、ということなのである。

よく言われていることであるが、虐待を受けてきた子どもは実は自分から被害を訴えていくことをしようとしない。まるでそれは、虐待されてきた歴史のゆえに彼らが命がけで無理やり我慢して被害経験を隠そうとしているのではないかといった理解をされかねないところがある。しかし、今回述べてきたことを参照して考えるならば、彼ら被虐待児たちは自分のことを懸念するとか周囲から関わってくる人間の意思といったものを判断するといった内面、外面への点検の余裕などなく、とにかく徹底して常時「気配を察すること」にのみエネルギーのすべてを注ぎこみ続けてきているがゆえに、自分の被害体験について事実判断に基づいた説明をすることができるようになるための客観能力そのものを育ててきていないのではないか、といった理解をした方が彼らの心の真実の姿に近いのではないかと考えられるのである。難しい問題であるが、引き続いて「関係対象体験」ということの実際という点について議論していきたい。

2 「関係体験」「関係対象経験」の実際を考える

ビオン、クライン、ボラス、ウィニコットの考え方

先項で、ビオン（Bion, W.R.）の考え方とクライン（Klein, M.）の考え方を対照的に紹介し、そのどちらとも異なるボラス（Bollas, C.）やウィニコット（Winnicott, D.W.）の考えを検討してきた。

ビオンのコンテイン（contain、抱えること）とレヴェリィの考え方には、子どもは生まれた時からどのようにして心の世界を構築していくことができるのかという論点が取り上げられていた。新生児段階の子どもが文字通りはじめての生《なま》の経験をしている時、母親の側からの積極的な関わりによって、子どもの経験は子どもにとって意味に変えられるようになり（α－ファンクションによるα－要素化）、記憶や思い出として脳に蓄積されていくようになる、というのが心の形成の始まりであった。[注7・8]

一方、クラインの考え方では、子どもが自分の中に本能的に宿している破壊的エネルギーの処理に行きづまって、最も手近な存在である母親に対して自分の破壊性による不安を投げこんで、自分の具合が悪いのは母親のせいなのだと妄想的に考えるのを心の形成の始まりとした。投影性同一化と取り入れ性同一化と名づけられた心のからくりである。[注9] 母親からの働きかけで子どもの心が作られていくというのがビオンの見方なのに対して、子どもの側から母親へ積極的な働きかけをすることで自分の心を作っていくというのがクラインの見方であるといってよい。これらに対してボラスやウィニコッ

トの考え方は、子どもと母親を互いに分けることから出発しているビオンやクラインの考え方にとらわれず、子どもと母親は切っても切り離せない感覚で経験を積み重ねていくのであって、いわば不可分の体験を不可分のまま蓄積していくことが心の形成の始まりであるとしたのであった。心の形成についての基本的な見方のちがいに基づくこのような議論は、心の不適応の始まりについての議論と心のケアの方法についての議論に明晰な視点を与えることになる。

ビオンの場合、心のひずみが生まれるのは、母親からのコンテインやレヴェリィの働きかけが不十分であったところから発すると考える。確かに子どもの生《なま》の体験はよい体験であれ悪い体験であれ、そのままでは興奮や不安や恐怖に直結してしまう性質をもっているとしなければならない。こうしたところから、不適応の心というものが受け止められて清められるというプロセスが母子関係の中でうまく運ばず、生《なま》の体験感覚が粗野な性質を顕にしたまま記憶領野を荒らしてしまっていることから起こっていると考えることになる。確かに母親や周囲から子ども自身の興奮や不安や恐怖を丁寧に受け止めてもらって浄化して返してもらうことがないまま過ぎた場合、子どもには自分の気持ちを自分自身で取り扱う能力が育たず、悪くするとパニック反応を中心にしてさまざまな不適応反応を示す性格になってしまうことになる。

問題発生に対するこうした理解に立って心のケアを目指すということになると、コンテインやレヴェリィに相当する人間関係を改めて適切に施していくことが必要ということになる。一方、クラインの場合は、子どもが自分の中に抱えている死の本能や破壊的エネルギーを母親に投げこむことに失敗して、自分の中から発する情緒に自分自身が脅かされてしまってさまざまな不適応反応を起こしてしまうといったからくりで理解することになる。実際、幼い子どもが一人ぼっちでおかれていると、突然、泣き叫んでしまうことがある。子どもが子ども自身の中にある破壊性のエネルギーに襲撃を受けたかのようにお手上げになってしまう姿である。このような理解に基づいて不適応のケアを目指す場合は、子どもの心の内面にまで想像の眼差しを向けながら子どもの苦悩を受け止める姿勢で関わり、子ども自身の自我を育てて強化するように努力することになる。

クラインの子ども理解に従うならば、問題解決のためにはあくまで子ども自身の意志責任力に期待するという方向を目指すことになる。(注10) つまり、子ども自身の中にひそむ不都合な内的情動に子ども自身が立ち向かっていける強さを育てていくということがケアの中軸になるということである。このようにビオンとクラインの理解と実践に関する思考は逆方向といった印象である。しかし考えてみれば、ビオンが「母親を中心とする関与する側の責任」を考え、クラインが「子ども本人の責任」といったことを主張する時、いずれも個としての母親、ないしは個としての子どもといった見方を前提としているのであり、個としての母親存在が個としての子ども存在と相互に交流することを母子関係、親子関係の事態としていることは明らかである。

心の不適応が生じるからくり

確かに思考のためのモデルとしては、個としての存在から出発して現象を客観の軸で切り取り方法を吟味していくというのは効果的な進め方ということになるかもしれない。しかし、前項から述べてきていることでわかるように、ボラスもウィニコットも人間関係事象を客観軸に照らし合わせて切りとるという方法をあえて措いておいて、関係現象そのものに目を向けて、その現象の中に見えてくるものがどのような展開をしていくかというところに議論の足場を置こうとしたわけである。ウィニコットによるならば、「母親とつながっていない子どもはいない。同時に子どもとつながっていない母親もいない。両者は不可分のつがい」ということであって、ボラスによるならば、「子どもが関わり体験をする対象は客観的事物としての対象ではなくて、子どもにとって意味を備えた関係対象とでも言うべきものである」ということなのである。言いかえるならば、ウィニコットやボラスの視点に従って実践論としての議論を行う時には、心の不適応が生じてくるからくりについての考え方も、心のケアを実行していくための方法についての考え方も、関係現象そのものの中から議論していこうとすることになる。つまり、議論を行いやすくするために、母親個人の心と行動、そして子ども個人の心と行動といったように別々に仕分けして観察点検する構えには向かわない、ということなのである。

不適応の起こってくるからくりについては、一言でいえば母親と子どもの関係体験の不具合によっていろいろな問題事象が生じてくると考えることになる。逆に言えば関わり合っている母親と子どもが互いの関係性を生き生きと体験できていれば不適応に陥る必要がないわけであり、もし不具合が生じてきたとしても、その不具合を母親個人とか子ども個人の問題として定位しないということが肝要、ということになる。要するに関係体験がうまくいっているかどうかの判断は、端的に言うならば、関わり合っている者同士がその時その場で感覚的に判断するしかないものである。

実際、ウィニコットは次のように言う。母親と子どもが関わり合っている時、うまくいっているかどうかは母親にも子どもにも必ずわかるものであると。確かに、子どもを抱いている母子には客観的な手がかりとは別に、人間的直感に基づく感覚によって関係がうまく進行しているかどうかがわかるといってよさそうである。体験感覚を手がかりにして有効性や意義を判断するというのは、一般的科学の方法とは異なっている。臨床的、実践的観点から議論を行う際には、「関与しながらの判断」というものが尊重されてよいのだと考える。

3　「関係体験」の始まりを「対象所有」の観点から考える

ウィニコットの特異性

われわれは経験とか体験ということを考える時、現代科学の一般的な思考のもとでは、まず主体と客体を分けて、その相互関係というところに経験や体験が生じるとしてきたものであった。その一方でここまでの項の中で、繰り返して「はじめに関係体験あり」という見方ないしは考え方があるということを紹介してきた。改めて点検してみることにする。

主体が対象に関わりを始める時、心理学や生物学の常識では、主体のもつ本能欲動が主体の行動を惹起して欲動緊張の解消に向けて対象に対して行動を起こしていくといったようにとらえられてきた。これに対して対象関係論の立場で最もオーソドックスなフェアバーン（Fairbairn, W.R.D.）の考え方によれば、人間が対象に向かって行動を起こすのは、対象との関係、すなわち関わりを求めてのことであるという主張が行われることとなった。(注11) 生物学的本能論を根拠にして人間の心理・行動を因果論的に理解する考え方から、行為対象の意味評価や行為そのものへの認知評価が人間の心理・行動を決定していくという考え方が繰り広げられるようになったのである。クラインやビオンといった対象関係論者の出現によって、人の行動や動機や成長発達の過程についてさまざまな議論が行われるようになり、不可解な行動とか非日常的な心理についても一定の理解が可能になっていった。こうしたところから、対象関係論の展開を〝脱〟欲動自我論の始まりと発展というように評価する向きもある。

ただ、ここでも対象に関わる体験はあくまで主体が対象に向かって始めるものと考えられているのであり、構図としては主客を別にとらえることを前提として議論する点では同じ思考方法論上にあるとしなければならないものであった。その意味では「主体が対象と関わる」という前に「はじめに関係体験ありき」というウィニコットの強調点は、対象関係論の系譜の中でもさらに特異な主張になっているのである。

ウィニコットの特異性はフェアバーンの思考と並べてみるとよくわかる。フェアバーンが対象に関わっていく動機を依存とか接触の感覚体験に求め、いわゆる欲動満足はその後に続く体験であるとしたのに対して、ウィニコットはそもそも対象を所有するという体験が対象との関わり体験の始まりであり、それは「対象所有」という明らかに非欲動的な体験を動機にしているというだけにとどまらず、乳児の所有体験がその体験のもととなる「所有対象」を供給してくれる母親とか周囲の者との合作行為になっているというところに特徴があるとしたのである。所有するという体験の満足は、一義的には手指の接触感覚や腕の筋肉運動感覚にその根拠を求められるのかもしれないが、同時にそれ以上に大切なのは体験を供給してくれた環境、すなわち母親や周囲の者との関係の満足がそこに随伴しているということなのである。動機に対する修正の見解と、体験の始まりを体験そのものに求めるという見解が、同時に二重に述べられていて、あたかも理論的にねじれの系譜をたどっているようにも感じられる。とにかく、ウィニコットは対象の所有という非欲動的体験を対象との「関係体験」の原点として、対象の実在性は環境との同時満足感覚の中で実感されるようになっていくとしたのである。こうした意味で、対象は「関係体験」が体験されていく過程の中で、逆に発見されていくといってもよいという見解を推し進めることになっていったのである。(注12)

端的にまとめるならば、欲動が対象との関係を開くのではない、対象の所有が関係の始まりであり、そこから始まる関わり体験の満足をベースにして、逆に対象の存在を体験として知っていくということが導かれていくという話なのである。こうしたウィニコットの見解は、確かに乳児や幼児の実際の情況をつぶさに観察しているとうなずかされることになるとともに、乳幼児の体験の真相について改めて気づかされるかのような思いに至らされるといってよかろう。

「はじめに関係体験ありき」からの出発

母親が新生児に授乳する様子を見てみると、たいていの新生児が本能欲動として母乳を渇望するということ以前に、母親が乳首を新生児の口に含ませ、それが哺乳という大切な経験につながるのだということを新生児自身に感じさせるよう努めるものだとわかる。乳児は口の中に乳首を所有させられ、注がれる乳を口内からお腹に所有していき、結果的にそれなりの満足感を得る。加えて、それ以上にそうした所有体験から満足体験への広がりを目の前で喜んでくれる母親の姿に感覚感情的に響き合うことになるといってよい。そして、この喜びの感覚の共有体験を動機づけにして新たな対象所有と対象関係体験の道が進められていくことになるのである。

このような母子間のやりとりの過程は、乳児の哺乳欲求を母親が授乳により満足させてやるといったような見方で片づけられてしまってよいとは思えない。つまり、乳児の哺乳体験を単なる飢餓情況の解消といった本能満足体験として理解したのでは不十分で不適切ということなのである。要するにウィニコットの見解によれば、乳児が哺乳体験の意味を自分のものにするということは、哺乳による欲求満足を目指す以前に、その前提条件として母親ないしは授乳者が乳首を乳児の口に含ませ、また乳児の口に乳を注いで満腹にさせるという試みを行い、対象の所有を体験させ、同時にそうした哺乳、授乳の関係性の構図が乳児自身の命を守り育てる大切な体験であるということを、肌合いと息づかいを通じて乳児に伝えるということをしなければならないということなのである。

ここに所有の体験の非欲動性とともに、母親や世話をする人との「関係性の体験」の方が乳児の生物学的体験より先行している、というウィニコットの主張の要点があるのである。確かに、こうした母子の間の肌合いを通じてのふれあいと乳児の安心や満足を促す雰囲気や場の空気といった環境情況を乳児に提供できない母親が、授乳の場面においてわけもわからず混乱したままてこずっているのを見ることがある。さらに言えば、新生児や乳児段階での不都合な事情によって、乳首を所有し乳を自分の内に入れていく体験を共通、共有の喜びの感覚体験として直接、保証してもらえない子どもについては、その発達成長に関わって単なる栄養の補給といった手当てにとどまらない特別な配慮が必要、という話になってくるということがわかるはずである。

ウィニコットは、乳児にとっての母親を母乳を与えてくれる対象としての母親ということに加えて、環境としての母親という見方も提示しているが、その意味するところはここに述べたような具体的な母子状況への理解から発したものなのである。こうしたところに問題の源泉を有した子どもが、のちにいわゆる外的な対象や環境をスムーズに受け止めることに躊躇して、たとえば、ひきこもりの心や引っ込み思案の心を有するようになっていくのを観察することがある。実際、ちょうど赤ちゃんの口に乳首をあてがうかのごとく当人たちのために有効と思われる助言やアイディアを提供しようとしても、それを自分の内に受け入れて味わってみるということができず、むしろ受け止めること自体を反射的に拒んだり躊躇したりといった反応を示すことがあるのである。「はじめに関係体験ありき」から出発できていない場合、せっかくの栄養物もむしろ異物として拒んでしまうという扱いしかできなくなってしまうということなのである。最近、さほど重篤な心の病理を内在させているとは見えないにもかかわらず、関係自体がギクシャクしたり、ラポールの確立に大いに手間取ってしまう例が少なくない。こうした時、対象関係の始まりのところで関係体験の意味を実感的に保証してもらえなかったのかもしれないと考えさせられるものである。ウィニコットのいう対象の所有という関係体験の始まりは、その後どのような対象の所有体験や世界との関わり体験につながっていくのかをさらに検討していきたい。

4 「いないいないバアあそび」と「環境としての母」「環境としての対象」という考え方

「いないいないバア」には危険な局面が伴う

対象世界との関係性のあり方を生き生きと学習していく遊びに「いないいないバアあそび」がある。自分と自分以外の外界との関係を自分から切り離し、また回復させて、その関係性の転換を愉しむといった風情である。多少慎重な言い回しになるのは、ここには実は体験の意味としてはけっこう危険な局面が伴っているとしなければならないからである。

子どもが「いないいないバア」をできるようになるのは、時期的には早い。手で身の回りのものをつかみ、振り回し、投げ捨てたりできるようになると、次には手の動作で自分の意思や希望を伝えることができるようになる。「対象の所有」から「対象の操作」という段階へ進んでいくのである。気にかかる対象を手で指し示し、親の援助によって手に入れたものを把持して所有するだけでなく、やがてなでたり動かしたり手に持って眺めたりできるようになる。対象との関係の様態をさまざまに経験できるようになるのである。こうした成長の流れの中で「いないいないバア」の体験の準備が周囲と子どもの双方にできてくる。周囲の親や大人が子どもに「いないいないバア」をさせようとするのと子どもの側が手の操作に意味を付与することができるようになるのとが、たいてい同期する。親や周囲としてはわざわざ難しいことを考えないにしても、乳児が幼児に変じていくはじめの頃に子どもにとって世界との関わり方が大きく転じていくということを経験的に知っていて、そのことを「いないいないバア」によってすすんで体験させてやろうと促しているようである。

考えてみれば「いないいないいないバア」もいろいろときわどい体験場面をたどるところがある。「いないいないない」をすると、幼児から世界が見えなくなる。「バア」をすると、世界が改めて見えるようになる。周囲から見ていると幼児が自分の手の動きによって目を隠しているにすぎないが、そのことによって幼児は視覚による自らの積極的意志関与をいったん閉ざしてしまい、同時に、幼児自身の体験感覚としては世界の存在が無くなってしまうという体験をするのである。

対象世界を所有するという体験を十分に保証され、対象関係体験が初期的記憶の中に蓄積されていればよいが、はじめの所有体験が不十分である、と自分の視覚的関与を自分から閉ざすというのは恐ろしい経験になってしまうにちがいない。同じ伝で「バア」と言って再び世界が立ち現れてくるということが直感的に信じられない子どもであった場合、この遊び自体がとても危険な試みでしかなくなるかもしれない。確かに「バア」によって世界が同じ姿で甦ってくるとなると、幼児は周囲の世界の不変性や持続性、ひいては永続性から普遍性までをも感知することになっていくと想像される。森羅万象の確実な存在性に対する基本的信頼ということが「いないいないバア」という大胆な遊びの繰り返しによって、子どもの心の中で確信にまで高められていくであろうと考えられるのである。この時、ほんの短い記憶とその確認作業にすぎないのであるが、子どもにとっての脳内イメージの保持という体験が子ども自身の心を安心させたり確信を抱かせたりするという実感につながる。いわば時間の経過ということが必ずしも世界の存在連続性にとって怖いものではなくて、たいていは時間を越えてなお安定して持続しているということを感知できる体験を提供することになる。

親や周囲の絶妙な配慮的関与

またこのことと同時に、子どもの体験記憶の中に、そもそも記憶と想起というイマジネーションの体験が、自分と世界の存在性にとって確かによい体験をもたらしてくれるものである、という評価を伴って備蓄されることが約束されるのであって、このことは、そののちのあらゆる体験を支える記憶とイマジネーションの能力、さらには想像と創造につながるシミュレーションの能力のすべてをポジティブな機能として習得していくことを促していってくれると考えられるのである。このように考えると、「いないいないバア」ができるようになるということと「いないいないバア」を積極的に促していくことの両方が、その後の心と精神の発達にとってとても大きな基礎を培うのであるということがわかるはずである。ただ、ここでもウィニコットにならって大きな視点に立つと、そもそも子どもの「いないいないバア」が「いないいないバアあそび」として体験されるには、親や周囲の特別の配慮的関与がなければならないということに思いが及ぶ。「いないいない」をした幼児が次に目を開いた時、親や周囲が現実に消えてしまっていては大変である。まずはまちがいなく存在は持続していて、その存在の持続性を乳児自身がまるで自分の力で体験できたかのように配慮的に振舞ってやらなければならないのである。

ここに必要とされる配慮というのは実はとても微妙なニュアンスを伴っているものである。子どもが掌や毛布やガーゼで顔を隠す時、子どもの体験感覚に合わせて周囲の者たちの方が消えてしまったかのように振舞わなければならないし、もう一度、子どもが目を開いた時にはまちがいなく以前と変わっていないということを感じられるように力強く「バア」と笑いかけてやらなくてはならない。この一連のやりとりにずれを生じてしまうと、子どもは世界が視界から隠れた瞬間に不安を感じてしまうがゆえにちゃんと目隠しができなくなる。不安に陥って泣き出すかもしれない。そうすると、一度消えた世界がもとと同じ姿で再生してくるという確信を体験することなどできない。このようなことを考えるだけでもけっこう配慮のエネルギーが必要になるのがわかるが、実はこうしたこと以上になお大切なことは、幼児が「いないいないバア」を「あそび（playing）」として体験できるように親や周囲が絶妙に配慮できなければならないということなのである。

ウィニコットに言われるまでもなく、親と子どもの関わり場面には特有の空気が流れているものである。言ってみれば、「いないいないバア」が「あそび」として体験される場には「これはいないいないバアあそびだ」という暗黙のメッセージが空気として流れていなければならない。この点になると、技術であるとか方法であるとかいった議論はとても難しくなってしまうのであるが、体験的に言うならば、そうしたメッセージが空気として流れているところでは確かに「いないいないバアあそび」を通して子どもが世界との安定した関係性を体験化できていくように見えるものである。

ウィニコットは「対象としての母親」と対比させて、「環境としての母親」ということを強調した。前者の母親の意味や役割はイメージしやすいのであるが、後者の母親となるとその意味は大きな広がりへと思いが及んでしまう。それだけにつかみどころがないとの批判まで聞かれることもあるくらいなのであるが、ここに述べた「いないいないバア」を「いないいないバアあそび」として成立させる

「空気としての力と役割」というならば、少しは共感的に実感してもらえそうな気がする。「いないいないバアあそび」には、「いないいないない」の後には「バア」が約束されていて、その約束には子どもといっしょに「バア」と言ってはじけて笑い合う人間関係性も約束されていて、また、そうしたことが暗黙の了解として事前に「空気」として子どもにちゃんと伝わっていなければならないということなのである。このような微妙な条件が満たされているところで体験される「いないいないバアあそび」を通して、逆に世界の普遍性が子どもによって無理なく「見出されていき」「発見されていく」ことになっているのである。

5 「バイバイ」を「あそび」として体験できるようになるための関係性

「バイバイ」の練習段階にある子ども

先項で、「いないいないバア」の体験ができることの意味を、対象との関係性、環境との関係性という点から考えた。続いて「バイバイ」が体験できるようになることについて、臨床実践的観点から考えてみる。

ウィニコットが乳幼児の対象との関係体験は「持つこと」「つかむこと」によってリードされると述べていることは紹介してきた。ここには欲動に突き動かされて対象に向かうとか、感情に掻き立てられて対象に接近するというよりも、対象との穏やかで自然な関わりの始まりが想定されているところが対象関係や人間関係の原点を考える際に独特の意義ある観点を提示しているとして評価されるのであった。その意味では「いないいないバア」は、子どもが自分を取り巻いている世界が個の体験として見えている時と見えていない時との両方で変わらず存在している、すなわち、比喩的に言えば子どもが直接関わっていようがいまいが子ども自身を取り巻く世界は安定して存在し、子どもをポジティブに守ってくれているということを体験することであった。

さて、ところで「バイバイ」をするということは、さらに「つかんでいる」対象を積極的に「手放す」ということである。せっかく自分の対象としてモノにすることができた対象を自分から手放してしまうというのは、対象が離れていなくなってしまうことを意味しているのだから、体験としてはとても不都合なことといえる。しかし振り返ってみると、周囲の親や大人たちは、子どもが「バイバイ」をできるように積極的に促していく。子どもにとっての周囲の対象、なかんずく人間は、常時永遠に接触状態にいてくれるのではなくて、それぞれの理由と事情に従って子どもの世界から立ち去っていくという必然があるわけである。

「持つこと」「つかむこと」に基づいて関係することがいったん安定するところに到達した対象と「離れる」ことの意味はいろいろな面で重い。対象喪失と現実受容といった点から言うと、「バイバイ」と自分から「手放す」というのは剝ぎとられるように喪失するより体験的に受け入れやすいということになるかもしれない。とはいっても、持つこととつかむことができた対象が自分の把握できている世界からいなくなってしまうのは衝撃である。また、つかむことができたところから子どもなりに安定したつながりを感じて落ち着いて関係体験できるようになっている場合には、子どもの生きる体験世界の一部が破壊されることになるわけで、不安と同時に恐怖も覚えるにちがいない。

父親とか家族の外出に向かって「バイバイ」の動作を促される子どもが、パニックになって泣き叫んでいるのを目にすることがある。ひるがえって考えてみれば、穏やかな「バイバイ」というのはとても難しいことにちがいないのである。「バイバイ」した対象が必ず自分のもとへ戻ってくるという確信があるならば、落ち着いて見送れることになるかもしれない。しかし、「バイバイ」の練習段階にある子どもがそのような見通しによって自らを支えているとは必ずしも見受けられない。ましてや、「バイバイ」した対象が自分とは関わりのないところでちゃんと対象として存在し続けているだろうなどという想像（イマジネーション）ができるはずもない。むしろ逆に、「バイバイ」の経験を安定して重ねられるようになっていくプロセスの中に、対象についての恒常性の獲得とかイマジネーションの能力の獲得、すなわち思い出を維持して必要な時にそれを思い出すことができるようになるといった成長が生じていくと考えた方が適切といった印象である。このような観点からすると、「バイバイ」を安定して経験することができるようになるということは、子どもの対象関係能力の発達の上で大切な転換点としての意味をもっていると評価した方がよいことになる。改めて、子どもが実際に「バイバイ」を教えられるようになっていく場面を思い浮かべてみる。

肝心なのは母親からの語りかけ

すでに関係性を獲得している対象である父親とか家族が離れていく時に、パニックに陥って泣き叫ぶ子どもが確かにいる。しかし、普通に健康に育っている子どもの場合は、「バイバイ」の瞬間に嫌がっていても、しばらくするとそれなりに落ち着きを取り戻すものである。多少乱暴な想像をするならば、子どもはまだ未熟なゆえに目の前から対象が見えなくなると対象も情況も簡単に忘れてしまってけろりと転換できる、といった見方もできそうに思える。いわば、子どもが「バイバイ」の後、速やかに自分の認知世界から対象の存在を積極的に消してしまう、といった受け止め方である。もっと解釈的に言うならば、子どもは対象が見えなくなってしまうという危機状況を丸ごと打ち消したり否認するといった原初的防衛を試みることによって安定を確保しようとするのである、といった理解につながりそうである。対象喪失の受け止めと現実受容によって万能的対象世界の支配感を脱していくといった成長ストーリーが展開されそうである。ところが実際には、たいていの子どもは「バイバイ」の後、複雑な表情を浮かべながらも徐々に落ち着きに至る。この時、よく見てみると、子どもを抱っこした母親が「パパはいなくなってしまうんじゃないのよ」「パパは○○になると必ず帰ってくるからね」「パパは○○チャンのことを忘れていないからね」などと熱心に語りかけているのに気づく。

これは、空間的な対象分離や剝奪の情況にあるのに対して、時間的な展望を、コミュニケーションの媒介として活用して、変わらない関係性の存在を子供に知らしめようと試みているといってよい。子どもが、文字通りの時間の経過を超えて父親が再び現れるといった現実原理をすぐに理解するはずもない。肝心なのは、母親からの「関係性の存在」が変わらないということについての語りかけなのである。先に述べたように、対象の喪失経験の受容は対象の恒常性についての認識の獲得につながると言われてきたのであるが、ここではむしろ母親からの説諭的な語りかけの方が、まずは前提的に意義をもっているとする方が適切といった感じなのである。言ってみれば、「バイバイ」という対象との分離体験に際して、母親から逆に積極的に対象存在の不変を語りかけられることによって、子どもは「対象存在は恒常である」という語り命題を体験的に受け止めることになるということなのである。つまり、子どもはいずれ外的対象存在はそれなりの原理に基づいて恒常的に存在しているという普遍的真実を認識に受け入れていかなければならないのであるが、こうした認識に至る前段階の議論として、子どもが対象との分離や喪失を受け止め、それをそのまま現実として受け入れて内面化していくといってしまうよりも、「バイバイ」という実践の積み重ねの中で母親から対象の不変と普遍を語りかけられることによって子どもは対象存在の恒常的性質を無理なく受け止めていけるようになるといった方が、子どもの心の成長プロセスにより密着した理解が可能になるのではないかと考えられるのである。

少し目を転じて言うならば、父親が「バイバイ」と手をふる時、母親が子どもに向かって「パパはほんとうはなくならないからね」「必ずパパは帰ってくるからね」と言いきかせたならば、子どもの心の中では自分と母親と父親の二者の関係性のリングが時間と空間の広がりを感覚しながら息づいていくようになるにちがいない。心の痛みという点から振り返るならば、母親の努力が不十分で、子どもが「バイバイ」を安定して受け止めることができず、喪失不安のパニックに陥って泣き叫ぶ姿には文字通り「抑うつパニック」の印象がある。この点に鑑みて言うならば、臨床実践の場で「抑うつパニック」のクライエントと出会った際、現実受容の強さを求めるより以前に、当人と当人を取り巻く対象世界の不変と普遍を意味として語りかけることの必要性を感じさせられる。こうしたところから、「対象喪失」「喪に服する」といった「抑うつ」を取り巻くオーソドックスなテーマについて改めて考えてみることも必要と思われる。

6 「ヨチヨチ歩き」がちゃんと体験できるための関係性

乳児が自分の力で関わりを始めようとする時

「這えば立て、立てば歩めの親心」というが、文字通りはじめての一人立ちの段階は、子どもにとっても親にとっても大冒険の経験をすることになる。普通に健康な子どもは、這い這いの時期を過ぎるとつかまり立ちを試みるようになって、その後、手を離してヨチヨチ歩きをしようとする。子どものそばにいて子ども自身の体験感覚を共感的に受け止めようと試みてみるならば、這い這いにせよ、つかまり立ちにせよ、ヨチヨチ歩きにせよ、子どもはそれぞれすべてが全くの未体験ゾーンであるにもかかわらず、少しでもうまくいけば体いっぱいに充実感を表現する。

先に、タテ抱きとヨコ抱きをテーマに論じた際にもふれたことであるが、人は長い長い進化の過程の中で「直立二足歩行」の能力を獲得した時の感動が蓄積され引き継がれてきたものか、どうやら垂直方向に二足で立ち上がって移動することができたならば、反射的にうれしい感じがするものであるらしい。その意味では、そもそも基本的に乳幼児に対して無理やり早く歩かせようとするのは適切な対応とはいえない。ウィニコットは、乳児に対する子育て経験の最初が「抱っこ（holding）」と「あやし、よしよし（handling）」であって、引き続いて「object presenting」すなわち「対象の差し出し」とか「対象提示」といった段階に進んでいくとした。(注13)「対象の差し出し」とか「対象提示」というと具体的な子育て関与の様子が思い浮かびにくくなるきらいがあるが、要するに、乳児が自分の力で環境とか対象とのやりとりや関わりを始めようとする時に、乳児に向けて適切に援助の手を差し伸べることである。ここでわざわざオブジェクト（対象）をプレゼンティングするとしたのは、差し伸べるものが手などの身体の部分といった身体的部位にとどまらず、子どもに向けての声かけとか言葉かけ、さらには子どもを助ける道具や事物といったものをも議論の視野に入れて取り上げるためなのである。そしてここでもウィニコットは、「～ing」といった表現で動名詞や現在分詞のニュアンスを大切にして、親と子どもの関係性がほどよい組み合わせで実現することが大切であると強調するのである。(注14)

そもそも「抱っこ」についての議論の場合、ウィニコットが「ホールディング」といって動名詞や現在分詞のニュアンスを活用して表現したのは、「適切な抱っこ」というのは「親が子どもを抱っこする」といった一方向的な行動の行使によって実現するのではなくて、抱っこしようとする親の意思と抱っこされようとする幼い子どもの意思とが重なり合ってつながり合うところに実現すると言うためであった。「あやし（handling）」の場合も同じように「～ing」の形で表現されているのは、ウィニコットが「よしよし」とあやそうとする親の側とあやされる子どもの側との間の絶妙な組み合わせのもとで「ほどよい（good enough）」「あやし（handling）」」が実現すると強調したいがためなのであった。しかし、ヨチヨチ歩きから一人立ち、そして一人で歩けるようになっていくというプロセスが子どもに組みこまれたプログラムに沿って実現していくのであるなどと言うと、今時の親たちはそうしたプロセスを客観的に観察するだけの位置に立とうとするのではないかと心配になる。多少、取り越し苦労の感がないでもないが、現在、若いお母さんやお父さんたちの中で出産から子育ての過程をＩＴ情報や専門家の指導、助言にすっかり頼りきってしまう例が少なくない。確かに一昔前までと比べると、特に医療分野での技術進歩には目を見張るものがあって、胎児の動きや新生児の様子など相当なところまで明確にされてきている。そうした意味では、専門誌の情報とか専門家の見解は信頼性においても妥当性においても高くなっているのだから、積極的に活用しない手はないということにもなる。しかし、だからといって情報や指導、助言を鵜呑みにするかのように、親たちが自分の思いや感覚を統御して技術的な正確性を目指して子どもに関わっていくようになっては、問題が生じてくるとしなければならない。つまり、現代社会の所産である知識や情報に基づいて親が子どもに関わっていくならば、子どもは理屈や筋道の上では正しく育てられるかもしれないが、いわゆる関係性のセンスという点からはひずみが生じてしまうと考えなければならないのである。

どのタイミングで手を差し伸べればよいか

ウィニコットが「～ing」と表現して、乳幼児期の親子関係は親の思いと子どものニードが絶妙に折り重なるところにはじめて本物の意味ある体験が実現されていくものであるとしたのは、今になって改めて教えられるところが大きいといってよいと思われる。(注15) 少なくとも情報と技術に委ねてついつい客観的立ち位置に立ってしまう親のもとでは、一人立ちの経験は安心感の裏づけの不十分な独り立ち、すなわち寄る辺なさや孤立感に包まれた孤独にもつながる一人ぼっちの一人歩きということになってしまうと考えなければならないのである。実際、最近ではすでに小学生、中学生、高校生になってきている子どもや若者たちの間に、認知的能力は具わっているが普通の常識感覚が薄くて日常生活に支障をきたしてしまっているという例が数多く目立ってきている。こうした例についてようやく最近、脳生理の病理や神経症形成などというのではなくて、乳幼児期に経験されているべき基本的な生活習慣が希薄であったために、いわゆる生活経験不足によるひずみや無知の行動パターンが顕在化してきたにすぎないといった見方も散見されるようになってきている。とはいえ、絶妙な関係性のもとでの意味ある体験とはいっても実際にはなかなか難しい。客観的な立ち位置には立たないものの、逆に親の側に心配の思いが先走ってしまって、子どもや幼児に対して過剰な援助の手を差し伸べてしまっては別の意味で困ったことになってしまう。昔から言われてきた依存過剰による自立の不全といったことになる。

要するに、親の側からの過剰な手出しによる子どもの中の安心過剰は、子どものほどよい自立にはつながらないということなのである。この点でも最近の親子関係の様相を見ていると、まるで情報依存や技術への傾倒の対極にあるかのように、親や家族が無分別、無際限に子どもに対して援助や助けの手を差し伸べてしまうといった例が大いに目立ってきている。

こうしてみてくると、ほどよい「オブジェクト・プレゼンティング（object presenting）」はとても難しいことがわかる。ヨチヨチ歩きのわが子がどれくらいよろけたりこけそうになったら手を差し伸べればよいか、マニュアルとして教えられるものではない。早く手を伸ばしすぎると、子どもは一人で立つ感覚を身につけられない。手を差し伸べるのが遅れすぎると子どもは一人で立つことを怖がるようになってしまう。結局、親を中心とする養育者は、その時その場でのさまざまな関係性をベースにして直感的、感覚的にしかるべきタイミングで手を差し伸べるほかないのである。

人類のはるかな歴史をバックにした直立歩行のニードと充実感志向をどれだけ信じて大胆に手出しを控えることができるか、また、親や大人に対する依存と信頼をどれだけ満足させてやれば子ども自身が自分自身を信じられるようになっていくのか、こうしたことを生き生きと読み分けていく能力が親たちに要請されているのである。考えてみれば、心理臨床的援助や心のケアの現場は相手のほどよい一人歩きやほどよい自立を展望して関わっていくものである。その点では、ここに述べてきたようなセンスが、今、ことさら重要になってきているといってよいように思われる。

7　幼児の「情け容赦のない依存的支配」の意味

養育者を自分の一部か下僕でもあるかのように…

養育者、すなわち母親や父親、さらには周囲の取り巻く人たちに対する乳幼児の依存要求は、時として情け容赦のない支配的要求にもなりかねない。まるで養育者を自分の一部か下僕でもあるかのようにいつでも思い通りに抱っこを求め、手指で行き先を指示して思い通りに移動することを求める。要求通りにしてくれないと大声で泣き叫び、まるでパニックに陥ったかのようにのけぞり暴れる。乳幼児的な万能的、依存的、自己愛的、対象への全面的支配性と自分の要求への偏執的なしがみつきを感じさせられる。

そもそも乳幼児が、生まれた時には全面的に幸せな状態であったかどうかは実は議論のあるところであるが、少なくとも子どもの存在をいつくしみ大切にしていこうとする環境に恵まれた子どもは周りをあてにして自分自身の存在性を周囲との関係性の中に求めることができるようになる。子どもの自覚的感情としては定かではないが、子どもとして絶対的な安心と安定をモノにしていっているように見える。そうした経過の中で、子どもはまるで無慈悲ともいえる激しい要求を周りにぶつけるようになるということなのである。したがって、生まれてしばらくのうちに不幸にも周りの親や養育者を全面的にあてにする経験をすることが保証されなくて、絶望の思いを秘めてさまざまな意味で偏った性格、行動を示すようになった子どもについては、ここでの議論の範疇には入ってこないとしておかなければならない。

話は普通に健康で常識的なセンスに恵まれた親たちと、そこそこ普通に健康な子どもたちとの間においてさえも、とても尋常とはいえないような厳しく激しい関係体験が繰り広げられなければならないというところなのである。こうした子どもたちは望み通りにならない時の混乱ぶりとは裏腹に、実は見境もなく親や養育者たちに理不尽な要求をぶつけているのではない。事前に周囲の情況を直感的に受け止めて判断して、この相手には徹底的に依存を求めて大丈夫との展望のもとに残虐なまでの支配性を発揮してぶつかっていくのである。受け止める親や養育者はたまったものではないが、考えてみれば、子ども自身にとっても自分の激しい要求のゆえに相手がたまりかねて関係を放り出してしまっては元も子もない。その意味ではよくよく観察してみると、こうした時、子ども自身も一心賭けて相手との関係性を見極め、その上で挑戦的にぶつかっているとみなければならないのである。

このようにみると、こうした冒険を犯すことができる子どもは、それなりに周囲との関係性に恵まれているといってよい。同じように、見かけ上とても受け止められないほどの支配的な依存欲求をぶつけられる親や養育者たちは、子どもの成長過程の上でたいそう意義のある大きく深い絶対的信頼を向けられているという受け止め方をして、粘り強く対応していかなければならないということになる。乳幼児は一歳を迎えるようになると、すでに周囲の人間のかもし出す雰囲気や表情は十分感じとれるようになっている。少なくとも乳幼児自身との二者関係にある親や養育者との関係においては、今、相手が自分にとって都合のよい状態であるか悪い状態であるかといったことは、ほぼまちがいなく的確に判断できるようになる。

実は、選ばれた相手に対する容赦のない依存の要求、世話の要求はこうした二者関係における判断能力の延長上に生じてくるものなのである。つまり、乳幼児にとってみれば、自分の望みや期待がどの程度周囲の養育者たちによって実現するのかはほんとうは判断できていないのであって、よくよく振り返ってみると乳幼児期初期には乳幼児の行き当たりばったり、ないしは試行錯誤の要求と周囲からの育児的世話の供給によって成り立っていただけなのである。それが少しずつ判断や記憶といった認知の能力が芽生えてくると、乳幼児は自分の体験をもとにして、自分が周囲との関係において許容される限界がどれくらいのものであるかとか、自力で実行することのできる種類や量がどれくらいの範囲であるのか、といったことを自分なりに把握していく過程をたどり始めることになるのである。そのためには、当然のことながら限界というものにチャレンジしてみることは必須のプロセスということになる。

果たして自分の依存性はどこまでエスカレートする可能性があるのか、そして果たして周囲は自分の依存性をどれくらい許容してくれるのか、さらには自分自身の依存にまつわる感情とか情緒的な欲求というものはそもそも自分にとって不都合なものなのではないのか、といったようなことを乳幼児自身の感覚で点検していかなければならないのである。そうしないと、乳幼児は親や養育者との二者関係的な世界から、それ以上体験を外に広げていくことができない。つまり、二者関係では当の相手の感触を受け止めて要求の上げ下げ、つまり自分を抑制したり放出したりできるが、それをもっと広い環境へと拡大して自分なりの判断を根拠にして行動していこうとすると、一般的、全般的、普遍的のいずれにしても経験の外側に向けて通用する基準というものをモノにしていくというプロセスが欠かせなくなるわけである。こうした乳幼児期の課題にチャレンジしていこうとする子どもに対して、親や養育者がどのように振舞い対応していけばよいのか、現場の情況に沿って考えると実はなかなか難しいところがある。

仕返しすることなく「生き残る」こと

先に述べたように子どもは情け容赦なく親や養育者に要求をぶつける。子ども自身の内的動機は別にして、表に現れた行動自体はまるで前後左右の見境のない他者破壊的、自己破滅的、被害妄想的なニュアンスに彩られている。そして困ったことに、子ども自身は自分の依存的しがみつきや支配的依存の行為が親や養育者との人間関係の観点からしてどれほどの危険をはらんでいるかということを考えないままでいるのである。とにかく周囲にいる意味ある養育者に向かって自分の内的高まりのすべてをぶつけて、その結果から自分自身の自覚や判断を育てていきたいと願っているわけなのである。周囲の養育者が子どもの行為についてこうした理解をもたないで、とにかく子どもの度外れたわがままとかコントロールを欠いた異常な情緒といったようにみなして闇雲に抑えこんでしまおうとすると、子どもの心の成長は簡単にゆがめられてしまう。子どもの側も養育者の姿勢を鏡写しするかのように、闇雲に自分自身の自発的な感情や情緒を抑えこんでしまおうとするようになる。乳幼児的「抑うつ状態」、さらには「失感情」「離人状態」といったことに至ってしまうのである。とはいっても子どもの激しい依存要求やしがみつきをそのまま受け止め続けてばかりいたのでは、今度は逆に、周囲の環境に対して客観的基準に沿った自己制御の基準といったものが子ども自身の内面に育っていかない。

親や養育者は情け容赦なくぶつけてくる子どもの情緒に対して、それが本質的にまずいものとか恐ろしいものではなくて、しかし、それでもそれなりに制御していく必要もあるということを絶妙な加減で伝えていかなければならないのである。ウィニコットはそうした親や養育者の関わりを、仕返しすることなく「生き残る」こと、そして子どもの受け止める能力の成長程度に合わせて「ほどよく制限を与えていく」と言い表している。(注16・17) 実際に子どもとの関わりで困っている親や養育者に向き合って、こうしたことを伝えていくことはとても難しい。

しかし、自己制御の不具合によって自分で自分自身を持て余している子どもや大人は、今やけっこう多く認められる。そうした人たちに対してほんとうに援助的に関わっていこうとするならば、たとえ困難な課題であったとしても、こうした絶妙な関わりをちゃんと実践していけるようでなければ意味ある臨床を実現していくことは難しい、と言わなければならない。

8　幼児の攻撃的依存の心をほどよく受け止めること

思い切り依存を経験できた者こそが…

前項で、母親や父親さらには周囲の取り巻く人たちに対する乳幼児の依存要求は、時として情け容赦のない支配的要求にもなりかねないということを述べてきた。相手をまるで自分の一部でもあるかのようにいつまでも思い通りに抱っこを求め、手指で行き先を指示して思い通りに移動することを求め、要求通りにしてくれないと大声で泣き叫び、まるでパニックに陥ったかのように暴れる。

乳幼児段階でこのような万能的、依存的、自己愛的な対象への全面的支配や偏執的なしがみつきの経験ができることは、実はとても大切なことである。子ども自身、まだ認知的に明確な意思を持って暴れているのではないけれど、長い目で見て評価するならば、子どもはこのような激しい依存行動の中に自分自身の内面にある欲求や要求を思い切り体験化できているという意味があるのである。つまり、子どもはこうした行動に自分の内的欲求のすべてを込めてぶつかることによって、逆に周囲の者からの反応を得ることを通して、自分の存在の大きさや限界を感知できることができるのである。それだけに、こうした激しい依存行為が子どもの側の自己点検や自己覚知に向かうはじめてのチャレンジの意味をもっていることを考えると、その時周囲がどのように対応していくかということが子どもの心の発達という点できわめて大きい影響力をもってしまうことになる。しかし、乳幼児に対する一般的な養育情況を見てみると、多くの者が依存関係というものは温かくやさしい情緒体験だけと受け止めてしまい、それに攻撃とか乱暴が交じって支配的になったり偏執的になったりすると、どうしても相手をする側の方が思わず身を引いてしまうといったケースが多くなっているように見受けられるのである。

もう少し端的に言うならば、依存を思い切り経験できた者こそがちゃんと依存から脱却して分離に至ることができるのであって、その延長上の話として言えば、依存欲求に破壊的、攻撃的な感情が交ざるようになることによって、子どもにとっても養育者にとっても依存関係の限界を確かめ合うことができるようになり、結果的にお互いに少しずつ距離を置いていけるようになる適切な機会になるものなのである。その意味ではこうした関わり合いの場面は、乳幼児段階での依存から分離への自然な移行を切り開いてくれる意義も有しているとみることもできるのである。これを逆に乳幼児の体験の側から言うならば、情け容赦なく依存的に支配したりしつこくしがみつきをしかけたりする時、乳幼児自身、自分の中に怒りや苛立ちやもどかしさの心情が激しく渦巻いているものであり、その際、攻撃的成分の方が勝ちすぎて結果的に逆に親たちのやさしさを失っていったりすると、もともとの望みであった依存の要求そのものが満足できなくなるという意味で、自分自身の内にジレンマを抱えこまなければならなくなる。

乳幼児の側にこうした心情が体験されているということを考えると、乳幼児が激しい調子で親や周りの者に怒りの情緒をぶつける際に周囲からどのように対応していくかということは、心の発達の面で大きな影響力をもってしまうことになる。

分離から自立に向けての動機づけ

具体的にどのような影響が生じるのか考えてみよう。まず、親や周囲の者が子どもの依存欲求に入り交じる攻撃的な感情のトーンを嫌がって否定的な態度に出てしまうと、子どもは子ども自身の抱えるジレンマから全く解放されないことになる。一つには子どもは親や周囲の者に安心を向けなくなってしまう。そして周りの者から向けられるネガティブな気持ちを取りこんで、自分の存在を悪いものと感じてしまうようになると考えられるのである。また、場合によっては自分の依存心の方を抑えこんでしまって奇妙な「望まない子」になってしまうと考えられる。さらに、子どもが周囲への適応以前に自分の中のジレンマの方に注意を向けるようになった場合には、子どもは自分の攻撃的な情緒を自ら心の中に押し隠してしまって、要領よく大人に依存する子どもになってしまうと考えられる。一見したところでは、やさしさや温かさに素直に反応する扱いやすい子どもになってしまうといってよい。依存の行動にからみついてくる攻撃的、破壊的傾向をめぐって子どもの側にこのような可能性が懸念されるところで、養育の側である親や周囲の者が子どもの支配的依存や攻撃的しがみつきにどのように対応していくかということは、子どもの成長発達に大いに関わっていくとしなければならない。

現実的な情況として、最近の少子化の動向からすれば、養育上子どもに手をかける時間と手数は増えてきているといってよい。子どもの相手をする機会も人数も十分すぎるくらいになってきているはずである。その意味では乳幼児の可能性を幅広く理解して受け止めて依存の満足を経験させてやると同時に、子どもの心の攻撃的、破壊的成分についても十分な対応ができているであろうと考えられなくもない。ところが実際には、現代の子育てにあたる親や大人たちの情況を見ると、ここにふれてきたように、やさしさや温かさに彩られて経験される文字通りの依存については積極的に受け止めてきている一方で、親や養育者自身が心痛めるかもしれないような子どもからのネガティブで破壊的な感情的接近に対しては、簡単に腰が引けてしまうということが起こってきているのが認められるのである。

結局、現代の養育者、すなわち親や周囲の者たちの多くは、子どもの能力、感性、感情、情緒を十全に受け止めようなどとはしないで、むしろ自分たちの受け止めやすい範囲での関係体験にとどめようとしているように見える。このことは、子どもに受け止められるメッセージとしては攻撃感情、破壊感情といったような心の重い部分はあえて軽く扱って、親や養育者との関係においてとりあえず穏やかさを経験していければよいということになってしまいそうである。このように見てくると、子どもの側も大人の側も独立や自立のテーマから程遠くなってきてしまっていると感じざるを得ない。依存関係から分離、そして自立や独立へといったラインがどうやって実現していけるのかについての経験的知見が、大人たちにも乏しくなってきてしまっているということになりそうなのである。

分離から自立に向けての動機づけは攻撃的感情機能によって推進されるのはまちがいない。ウィニコットはほどよい攻撃性がほどよい分離をもたらすということを強調した。具体的には、親子が関係性の中で攻撃性の現われを経験した時、適切な距離感や分離の感覚が芽生えてくると言っているのである。その意味では、世話をする養育者の側も、世話をされる子どもの側も、攻撃的感情を丁寧に扱って、その経験によって適切な距離感が生まれてくることを体験すべきである、ということになりそうなのである。臨床的実践経験から、今、発達障がいと呼ばれる子ども、ならびに発達的なもつれの出現の実際場面を振り返って点検してみると、実は彼らの乳幼児経験、すなわち逆に言えば彼らが経験してきた親子関係体験の中に「ほどよい依存」と「ほどよい分離」「ほどよい自立」の経験が「ほどよく」バランスをとって積み重ねられていないという問題点のあることが認められている。こうした見解は乳幼児保育に関わっている専門家の方々から頻繁にまた簡単に耳にすることができる。

　昨今の社会事情のもとでの子育てが、必ずしも子どもたちの心の体験世界を大切にして自立、独立へと向かわせる手がかりを与えることにはなっていない、と言わなければならないのである。子どもの破壊性や攻撃性との関わり合いについては、さらに重ねて議論していきたい。

9　関係性の心と感動体験について

感動体験を子どもにどう伝えるか

幼い子どもの初期経験として感覚的に感動する体験を味わうことは、のちの豊かな人格形成のための大事なステップである。身近なところで言うと、子どもは一歳を過ぎるとテレビのコマーシャル画面に目を見張るようになる。目まぐるしく変化する画面に吸い寄せられるのである。自動車や電車をはじめて見ると、びっくりしていっぺんにその姿を目に焼きつける。新幹線や大きな船を見ると、すぐさまおもちゃの新幹線や船に興味を覚えるようになる。動物園で巨大な象やシロクマを見ると、驚き恐れおののきながら無条件の憧れを抱く。太陽や月や星を見上げることができれば、その想像を超えた遠さや大きさに不思議の念や驚きの感覚を覚える。大きな川、大きな海、大きな山、果てしない大平原、それらのいずれもが子どもの大いなる感動のもととなる。

子どもから発せられる「ウワーッ」とか「ウオーッ」という感嘆の声は、子ども自身が周囲の環境に対して感性を開いていくはじめのしるしである。こうした感動という体験を通して、子どもがそれらの体験の意味を吸収したり身につけていくメカニズムやプロセスは、いわゆる通常の経験に基づく学習の過程というものには重なり合わないところをもっている。一般の学習の過程というものが体験を重ねる回数に従って徐々に深く定着していくのに対して、感覚印象を伴った感動体験は体験の数に比例するのではなく、その意味の受け止められ方の様相によって左右されるという性質をもっているのである。ある意味では、その体験がたとえ一回きりであっても、終生、消えずに残っていくこともありうる。体験そのものの印象とか感動の深さといったものが直接的に関与するといってよい。別の言い方をするならば、たとえ幼い子どもであっても、感動を伴って受け止められる意味の深さとか広がりといったものは、ちゃんと直感的にわかっているといってよさそうなのである。それゆえ、逆に親や周りの大人たちがこうした体験に対して自分たち自身の感動を添えて相手をしてやらなければ、子どもの中の感動が薄まってしまい、色を失っていくと考えなければならない。言いかえるならば、親や周りの大人たちが子どもの体験を距離を置いて第三者的に観察したり見逃したりしたならば、感動体験の意味が子どもの中に根付いていくことは起こらないということなのである。つまり、不思議や驚きの感動に伴って意味というものが浮かび上がってきて、それがそのまままっすぐ心に染み入っていくには、そうした体験が人と人との関係している場、すなわち「意味ある関係性の場」において経験されるのでなければならないということである。実際、たとえば幼い子どもといっしょに空を見上げて「お月様、まん丸」と感嘆しながら経験する時、親や大人が心から感激していなければ、ここに述べたような物語は展開していかない。親や大人は、まず自分自身が感激していて、その感激が子どもに伝わればよいと願い、子どもの顔をうかがいながら働きかけの声の調子を加減する、そして子どもの顔が輝いてくるのを見てまた感激する、といった関係性のサイクルをちゃんと体験できなければならないのである。子どもの側にとってみればびっくり、驚きといった直接的経験がさらに親や周りの大人によって「すごい」とか「素晴らしい」と感嘆の意味をかぶせてもらえることによって体験価値として心に刻みこんでいくことができるようになるのである。子どもの感動体験について眺めてみると、確かに不思議とか驚きとか心地よいといった意味ある感動につながるはずの体験も、子ども一人が自分だけで体験するならばその意味はどのような方向で根付いていくのか見えにくいところが出てきてしまう。つまり、驚きや不思議の経験が関係性の中で経験されないとなると、そうした驚きや不思議の感覚はそのままむき出しの感覚、感情体験になってしまい、場合によってはたとえよい体験内容であったとしても、子どもの心に収まりきらなくてパニック反応の要因になってしまうことすらある。こうしたことの延長で考えると、反対に、もともと恐ろしい体験とか無条件に怖い体験といったことがあった場合、それが子どもの心にどのように受け止められ収められていくかといった点については、ひるがえって丁寧に点検しておかなければならなくなる。

感覚感動の体験を通してしか得られないこと

子ども自身がつまずき転んで痛かったりした時、また、体の具合が悪くて平静を失ったりした時、子どもがその経験を文字通り子ども一人で体験しなければならなくなったならば深刻なことになってしまう。普通に賢明な親（このようにウィニコットは表現する）や普通の大人たちは、その子どもの苦痛や苦悩を「たいへんだねえ」という感嘆の表明とともに受け止め、子どもとの関係性の場で抱えて鎮めてあげることを通して、改めて子どもの体験感覚の中に収まっていくよう上手に対応していくものである。もっと厳しい情況として、飼っていたペットや大切にしていた生き物が傷ついたり死んでしまったりした場合、こうした関係性の場で受け止めるといったことがことさらに大切になる。確かな関係性ということが保証されているならば、その重みやすごみは一方では子どもの心に受け止められるまでに清められ、また、もう一方では子ども自身に無理のない形で死ということに対する畏怖の念を根付かせるきっかけを与えることにもつながっていくのである。このように感覚感動体験の意義や意味を考えながら改めて周囲を見回してみると、今、親や大人たちが子どもとの関係においてこうした無前提で無条件の驚きや感動を共体験できる姿勢にあるかどうかといった点において心もとない思いを抱いてしまう。ましてや、親や大人たち自身が大きな声で「ワーッ」とか「ホーッ」とか「ヘーッ」、そして「すごいっ」「たいへんだ」「びっくり」「こわいっ」といった感嘆詞やせりふを本気で声にしているかどうかとなると、いっそう心もとない感じがしてしまう。

現代人というのはモノやコトを理性や知性で説明して把握することをよしとしてしまう傾向を培ってきてしまった。その最たるものが因果論的な説明を伴って納得してしまう思考方法である。確かに、現代という時代、モノやコトについてリニアな因果論に基づいて説明できる部分はずいぶん広がってきたといってよい。不思議な現象や脅威といわれてきた事象も分解されたり解体されたりしてその起源が解明され、逆にそのおかげで事態のかなりの部分が操作できるようになってきた。医学、物理学、化学、工学など自然科学系の思考を中心とした客観操作、技術操作の進歩は総じて言えば合理的思考による科学の進歩のたまものということができる。しかし、ひるがえって言うならば、ここに取り上げてきた子どもの感覚感動に関わる経験は、そもそもこうした科学的操作、技術のフィールドにはなじみにくい種類のものであるはずである。感覚感動の体験が人と人の濃密な関係性の場でしか実感されていかないのに対して、客観的で技術的な立場をよりどころにして体験を受け止めようとすると、必然的に関係性の実感からは遠くなってしまう傾向をもっているからである。

感覚感動の体験を通してしか確かな実感を得られない事柄は、ほんとうは今もわれわれの周りを多く取り巻いている。そして裏返して言うならば感覚感動の体験が確かに実感される時には、人と人との関係性が意味としての場の力として確かに働いているのである。加えて言えば、「すごい」とか「おどろき」といった感覚感動の体験は、子どもの心に理屈を超えた物事の実在性を感じさせる重要な機会になっている。このような体験こそが、いわゆる超越とか本物のスピリチュアルといわれるような体験センスに道を開いてつながっているということがわかるはずである。今の時代、心や魂の体験が薄く遠くなってきていると指摘される。感覚感動という直接的で生き生きとした体験が、心や魂の世界を回復したりその意義を保持したりする重要な実践テーマになるということを忘れてはならないと考える。

《第5章◆注・文献》

（注1）ビオン、W.R.著、福本修訳『精神分析の方法Ⅰ――セブン・サーヴァンツ』法政大学出版局、一九九九年
（注2）グリンベルグ、L.他著、高橋哲郎訳『ビオン入門』岩崎学術出版社、一九八二年
（注3）スィーガル、H.著、岩崎徹也訳『メラニー・クライン入門』（「現代精神分析双書　第Ⅱ期第1巻」）岩崎学術出版社、一九七七年
（注4）ボラス、C.著、館直彦、横井公一監訳『精神分析という経験――事物のミステリー』岩崎学術出版社、二〇〇四年
（注5）Winnicott. D.W., *Collected Papers: Through Paediatrics to Psycho-Analysis*. Tavistock Publications, London, 1958.
（注6）ウィニコット、D.W.著、橋本雅雄訳『遊ぶことと現実』（「現代精神分析双書　第Ⅱ期第4巻」）岩崎学術出版社、一九七九年
（注7）（注2）グリンベルグ、L.他著、一九八二年と同じ
（注8）（注1）ビオン、W.R.著、一九九九年と同じ
（注9）（注3）スィーガル、H.著、一九七七年と同じ
（注10）クライン、M.著、松本善男訳『羨望と感謝』みすず書房、一九七五年
（注11）フェアベーン、W.R.D.著、山口泰司訳『人格の対象関係論（人格の精神分析学的研究・上巻）』文化書房博文社、一九八六年
（注12）（注6）ウィニコット、D.W.著、一九七九年と同じ
（注13）（注6）ウィニコット、D.W.著、一九七九年と同じ

（注14）川上範夫『ウィニコットの「日常語」を学ぶ』（北山修、妙木浩之編『言葉と精神療法〔現代のエスプリ264〕』）至文堂、一九八九年
（注15）（注14）川上範夫、一九八九年と同じ
（注16）（注６）ウィニコット、D.W.著、一九七九年と同じ
（注17）ウィニコット、D.W.著、北山修監訳『児童分析から精神分析へ』（「ウィニコット臨床論文集Ⅱ」）岩崎学術出版社、一九九〇年

第6章　現代家族と現代社会の「関係性」問題

家族の「関係性」の様変わりが言われている。今風の家庭内問題、家族同士のトラブルにはそうした問題点が凝縮されて示されている。背景にある時代社会風潮というものは無視できないが、ここでは家族人間関係に見られる新しいひずみを取り上げて、そこからどのような時代社会のゆがみが見通せるかを示してみたい。そうした議論から、今風の家族人間関係に生じる問題事象に実際に取り組んでいこうとする際に、どのような観点が肝要なのかを明らかにしていく。それが技術操作的着眼を超えた「意味ある関係性の喪失と回復」という議論につながっていくということを述べてみたい。

1　家族同士の問題なのに……

家族というものの「絆」

昨今、家族の間で重大な事件が起こることが珍しくなくなってきている。夫婦間で不信感を抱いた妻が夫を殺害して遺体をバラバラにして投棄するという事件が起こり、だれもが驚いた。その手口のおどろおどろしさもさることながら、当の妻の動機がいかにも単純で、実行行為に至るハードルが低すぎる感じがして衝撃を受けたものであった。

親子の間でも、今では母親や父親が自分の子どもを痛めつけ、傷つけるということは珍しくなくなってきているし、また、すでに大人になっている子どもの側が自分の勝手な都合でお金がほしくなって身近な存在である年取った親を殺害して奪ってしまうといったやりきれない事件がしばしば起こっている。こうした時、第一感としては「夫婦でありながら」とか、「親子でありながら」といったつぶやきを口にしたくなる。要するに、「家族同士の関係なのに」という疑問が心に浮かんでくるということなのである。ある人は「夫婦なのだから話し合いをすれば溝は埋められただろうに」と指摘するかもしれない。また「親として弱い立場の子どもの権利を考慮したならば、そんなにひどいことはできないだろうに」とか、「親子なのだから窮状をそのまま訴えれば助けてもらうことができただろうに」といった指摘を行う人もいるかもしれない。

家族、親族を殺害するという行為は旧来から重罪に問われてきたが、それは「家族なのに」とか「家族だから」といった一般的な常識、すなわち公序良俗の倫理感覚に裏打ちされてのことにまちがいない。ただ、もしもここにふれたように、「夫婦で話し合いをすれば何とかなったはず」とか、「子どもの権利を考えればひどいことはできなかっただろうに」とか、「正直に訴えれば親子なのだから助けてもらえたはずなのに」といった文脈で語られるとするならば、そこには公序良俗では片づけられないところが入り交じっているといわなければならない。というのは、本来「親子でありながら」というつぶやきを投げかけたくなる思いを抱く時には必ずしも「話し合いをする」「権利を認める」「言葉で訴える」といったような相互人間関係に関わる課題の遂行不十分といった問題指摘を心に思い浮かべてのことではなかったろうに、という考えが湧き上がってくるからである。

つまり、改めてわれわれ自身の家族倫理感覚の内実を振り返ってみるならば、夫婦関係、親子関係を中心とする「家族関係」といった事柄には、言語交流とか権利の尊重、そして訴えによる伝達といったような、いわば個別成員同士の相互作用といった面よりも、むしろ、そうしたやりとりの内容を超えて、言葉や理屈ではとらえることのできない、いわゆる関係性の「絆」といった面の方がごく当たり前に意識されてきたにちがいないと思われるからである。言いかえるならば、われわれ日本人にとっては、家族の「関係性」となると、家族成員間の意思交流によって成り立つ面よりも、家族というものの「枠組み」とか、「器」とか、「絆」といったセンスの方が優先的に感じとられてきたにちがいないということなのである。

実際、家族関係というと、個人が個別に相互にやりとりを行って「家族としての関係性を構築して維持していく」というよりも、たとえば夫婦という「絆」、親子という「絆」、家族としての「器」や「枠組み」といった、直感・直覚でしか確かめられないような体験センスによって結び合わされ包みこまれている、といったことを誰もが自然に受け止めてきたのではなかろうかということなのである。こうしたことからすると、昨今の家族関係にまつわる事件に際して、話し合いをすれば防げたはず、権利を認める姿勢をもてば止められたはず、相互伝達すれば発生しなかったはず、といったコメントが行われ、われわれもともすればこうしたコメントに無点検に同調してしまうことがあるといったところに、逆に疑問を投げかけなければならないということになるのである。

つまり、問題発生の背景となったほんとうの事情は、当該事件の関係者の個別の問題もさることながら、むしろそもそも家族関係すなわち家族成員間の「関係性」ということを、家族それぞれをバラバラに個別化して認識して、その上で相互をつなぎ合わせて構成していくといった思考法で考えるようになってきたからではないのか、ということなのである。言いかえるならば、家族の「関係性」というものを個人と個人の思考や意思で操作して改変させられると考えてしまうまでに至ってきてしまったところに、真の問題が存するのではないかということなのである。

和魂洋才のカルチャーから「無魂洋才」状態へ

ひるがえって考えてみれば、夫婦関係、親子関係、そして家族関係という時、その成員の個別の意思よりも夫婦「関係性」、親子「関係性」、家族「関係性」の方が重みをもって体験されるということもありうるはずである。こうした感覚が共通感覚として文化的に共有されている時、その共有センスはコミュニティーの文化となり、それぞれの成員にとっては知らない間に無理なく規範化されることになり、結果的に文字通りの倫理的機能を果たすようになるといったことが想定されるはずである。実際、われわれ日本人の心には、もともと輸入思想としての個別化、個人化の原理とは別に、「ご縁」とか、「絆」とか、「お互い様」とか、「おかげ様」とかいったように、人間関係をアプリオリに結んだり包みこんだりする「関係性の機能」のセンスが無理なく具わってきていたはずである。だからこそ、「和魂洋才」という言葉が単なる方便を示すものではなく、われわれを前向きに導くメッセージとしても受け止められてきたはずのものなのである。このような意味からすると、はじめにあげたような事件の発生背景について、改めて次のような理解を行っておかなければならないと考える。

わが国における家族の関係性を絶妙のバランスよって守ってきた和魂洋才のカルチャーは、激しいアメリカ化の波に押しつぶされて打ち砕かれ、「無魂洋才」状態に至ることになってしまった。そして、われわれ日本人の心をバラバラにすることから守り保護してきた関係性についての「和魂」の知恵とセンスはすっかり姿を消してしまって、今や、しかたなく個別の論理、個人の論理に基づいて関係性を構築、構成していこうという方向しか議論されなくなってきた。こうした社会動向は、一見したところではあたかも科学的で論理的な対応方法が模索され試みられていくかのように感じられる。しかし、当たり前のことであるが、バラバラに個別化したものを再度寄せ集めたからといって必ずしも適切な構築に至るわけではない。せいぜい、モザイク的につなぎ合わされた全体が再構成されるだけである。すでにこのような情況推移が幅広く浸透してきている中で、改めて「関係性のセンス」、「関係性の体験」といったことをわれわれの人間関係やコミュニティーの中に取り戻すことは容易なことではない。しかし、繰り返して述べてきたように、「関係体験不全」から発すると考えられる諸問題に対しては、意味ある関係体験の直接的供給の道しか展望を切り開いてくれる道はない。ここに取り上げてきた事件の背景に対してチャレンジしていこうとするならば、やはり、社会全体に見られる「関係性のセンス」の後退に対して問題意識をぶつけていかなければならない。

改めて振り返って考えてみれば、「関係性の体験」や「関係性の意味」を基本的に内面化していくのは、家庭や家族といった関わり合いの経験の場においてである。言ってみれば、この家庭、家族という日常性の場にもはや「関係性のセンス」が息づくことがなくなってきてしまっている、というところにことの深刻さは存在しているとしなければならないと考えられる。

問題の解析と解決への展望について、臨床実践的観点からの前向きな議論を進めていきたい。

2　男女関係の変容——元カノ、元カレ

家と家との契りから個人個人の責任へ

家族関係の変容について、「家庭のない家族の時代」（小此木啓吾）とか「ホテル家族」といわれ始めて久しい。日常現実の中で家庭の始まりということを考えると、少なくともわが国の現代においては、男性、女性のペアが結婚を機に「家庭をもつ」ということが認められているように思われる。ほかに「家庭に入る」といった表現もあるが、一般的には、一組の男女が結婚して届けを出すことによって「家庭を作った」と認められてきているといってよい。

旧来、結婚というと家と家との契りの機会と考えられ、その枠の中で青年男女が結びつきを実現してきたのに対して、現在では、個人としての男性と個人としての女性が互いに自分たちの意思を持って結びつくというのが当然になってきている。その意味では、家庭を作るといっても、いわば、結婚する男女当事者の二人がそれぞれの思考をもちよる形で家庭というものを作っていくということになってきているのである。若者が自由にのびのびと個人主義にのっとって自分たちの意思通りに家庭のスタイルを形作っていくというと何の抵抗もなく受け止められそうであるが、実は、少し異なった角度からみてみると、若者たちは案外、自分たちの生活スタイルについて安定した確信をもたないまま過ごしているということに気づく。こうしたことを否応なく考えさせられた例をあげてみる。

若い人たちの間で元カノとか元カレという言葉が使われる。男女の付き合いの推移の中で、以前付き合っていた男性、ないしは同様の女性のことを意味する。よく耳にすることとして、「最近、元カノと会った」とか「元カレと会って食事をした」という話がある。今は別の異性と付き合っている状況にありながら、以前付き合っていた相手と会って男女の交流をするということなのである。すでに別れた人と会う、というとそれなりに不自然な感じがして、特別な事情が存在しているように思わされる。それに対して、元カレと会ったとか元カノと会ったという時には、なぜか軽く受け止める話のような感じに流れてしまう。

いわゆる、はやり言葉や通俗語といったものは、時代の気持ちを表している場合が多い。その意味からすると、元カレ、元カノは男女の交わりについて軽く薄く扱うということを目指して使われるようになったのではないかと思われる。実際、こうした話の当事者である若者たちは、たいてい罪悪感などというものから遠くに位置していて、場合によっては今の付き合い相手に対して悪びれることなく事実を伝えるなどということさえあるくらいなのである。受け止めようによってはいかにも個人の自由意思、自由行動といったものが尊重されているように聞こえることもあって、こうした関係を生きる若者がそばにいても、わざわざ目くじらを立てる必要がないかのように流れてしまうことが多い。いわば、元カレ、元カノとの再会、再交流はそれ自体すでに常識にかなう行為の範疇に入れられるようになってきてしまっているのかもしれないといった感がある。臨床心理カウンセラーとしては、こうした男女関係のあり方に関する常識の枠組みの変容を人間関係論的観点から問題意識をもって取り上げなければならないと考えさせられるが、実は、昨今、こうした男女関係に関する新しい人間関係模様の変転が、未婚の男女の間だけにとどまらず、結婚して子どもをもうけた、文字通り家庭を構えた夫婦の間にも微妙に影を落としているのが認められるのである。

実際にあった既婚の若い女性からの相談である。自分が妊娠している時に、夫が元カノと会って交際が復活したという。「男女関係として十分応対できないところから、元カノとの交流に自分としては理解を示してきたつもりだ」「でも、子どもができてからも関係は続いてしまって、だんだん自分の心が落ち着かなくなってきた」というのである。相談された側としてはこの女性が陥った心の不調は当然のことであり、夫婦間でちゃんと話し合って夫が非を認め、改めて元カノとの関係は清算して新たな夫婦関係に到達することが肝要と考えられた。元カノと付き合ったという夫も非常識だし、その夫の行為を容認した妻も非常識、というスタンスである。ところが、しばらく聞いていくと、相談の趣旨が微妙にずれていることが明らかになっていった。妻である女性が訴えようとしているのは、自分の心の弱さについてなのである。「自分としては夫が元カノと付き合うのは別に何ともなかったし、今も引っかかっているところはない」「それなのに、ちゃんと流すことができないような感じになってきてしまった自分の弱さが悩みなのだ」、そして「私自身の心の狭さとわがままさに困っている」「だから夫に嫌がられるのだ」と。

この女性に対して「それは変だ」「根本からまちがっている」と言って説諭を試みるのはできないことではない。しかし、この女性に「了見がまちがっている。もっと考えろ」と迫って「そもそも夫婦二人ともに常識が疑われる」と息巻いたとして、それからその後の二人の関係にどのような改善がもたらされるのかとなると、たちまちにして見通しがあやしくなってしまう。話の軸として妻である女性の側を被害者とか犠牲者の位置に置いて理解して同情的にアドバイスを試みていったとしても、当の女性本人がそれをサポートとして受け止めて前向きにがんばっていこうと考えるようになっていくかどうかという点で疑わしいのである。つまり彼女自身、意識的には「元カノとの再会」「元カノとの交流」について気持ちのハードルはさほど高くないのであって、逆に言えば、もし彼女自身が元カレと再会することになったとしても、実はそれ自体に彼女が問題を感じるということなどないかもしれないと考えなければならないのである。

神との契約関係 対 世間の常識の枠組み

男と女が欲動の相互満足を求めて相手と交流するということの意味は、常に難しい問題をはらんでいる。アメリカ、ヨーロッパにおける男女関係に関する倫理枠に沿って男女関係の変遷をイメージすると、欲動の相互充足関係から出発して夫婦関係に移行し、子どもをもうけて親になり、その後もなお、いつまでも男女としての愛情を交わし合う、といったシナリオが思い浮かぶ。いわば動物としての自然な欲動によって異性を求め、満足する関係になってその関係の永続性を求める意識が自覚化されると、その段階で神の力によって自分たちを夫婦の位置関係にある者として正当化、社会化してもらい、いつまでも相互に愛情を注ぎ合い続けるという契約を取り結ぶという運びになっているのである。だから、アメリカ、ヨーロッパの一般常識で言えば、愛情とか欲動は、結婚ののちも夫と妻が互いに神との約束を守る意味で、相手に対して必ず注ぎ続けなければならないことになっているのである。したがって、男女関係としての努力や実行がままならなくなると、夫婦関係は破綻ということになっていくのである。このように言うと、ひるがえってわが国における一般的な男女関係から夫婦関係への展開過程、そしてその後の夫婦関係についての展望といった点になると、実はアメリカやヨーロッパの常識からは大切なポイントで微妙にずれているということに気づくはずである。

もちろん、わが国においても、いつの時代にあっても欲動を伴う愛情が若い人たちの異性関係を駆り立てているのはまちがいない。そして欲動中心に始まった男女がやがて夫婦関係に移行し、子どもをもうけて家族を営んでいくということが自明に普通のこととして認められてきている。個人主義や自由主義の導入とともに、特にアメリカ化の流れの中で、男性と女性の関係は欲動的満足を軸として展開していくのが当たり前とされてきているように見える。その限りにおいては、ここで取り上げてきた事例の妻は、元カレとか元カノといった呼称の軽さに流されて、夫が個人の意思や欲望に従って行動するということをごく普通に容認する姿勢にならなければならなかったのかもしれない。

ただ、ここで考えておかなければならないのは、欲動的に相手を求めることを常識とするアメリカ、ヨーロッパでの男女関係観のもとであっても、いざ恒常的婚姻関係を求めるとなると、一転して神の名のもとで神の力によって結ばれるということを普通に受け止めてきているといった点である。結婚に際して男女が契約を結ぶというのは、実は結婚する男女が互いに必ず愛し合い続けるということを神の思し召しのもとで誓い約束するということなのである。これに引き替え、わが国においては現在、若い男女が相互間の欲動満足の関係を前提にして婚姻関係に移行しようという時、誓いや約束や契約関係というものを超越者である神との間で取り交わしているかどうかという点から見ると、何とも頼りないと言わざるを得ないことに気づくのである。

われわれが見るところ、そもそもわが国では人間関係や社会の仕組みについて神との約束とか神のもとでの契約といった形式の代わりに、人間関係を枠づけしたり縛ったりする常識センスが尊重されてきたように思われる。確かにアメリカ化の流れの中で個人の意思や行動が尊重されるようになってきたのはそれなりに意義あることとして認めたとしても、人間関係や社会の仕組みに関して共有されてきたこうした常識の枠組みといったものが、同時的に全く乱暴に軽視され破壊されてきてしまったとしなければならないのは残念というほかない。こうした動向のもとで、本来個人の能力や判断の力を超えてしまっているという意味で尊重されてきたはずの関係性の意味についての枠組みが、個人主義の風潮のもとで、逆に個人の力量や責任の中に落としこまれてきてしまっているというところに問題を感じてしまうのである。具体的に言うならば、現在、わが国の若い男女が欲動的満足関係から婚姻関係に移行していこうという時、形式的には教会とか神社仏閣が関与するといっても、実質的には夫婦関係の責任については宗教性や信仰心を素通りしたまま、個としての男性、個としての女性のそれぞれに丸ごと背負わされてしまうといったことになっているのである。

ここにあげたこうした思考をベースに考えるならば、先にあげた、元カノと付き合う夫を止められず、徐々に不信を抱いてしまう自分の心を「弱い心」と反省してしまう妻の基本的ゆがみが理解されてくるように思われる。問題は男女の関係性、夫婦の関係性、結婚生活の関係性において、神とか信仰心の裏打ちがないままにお互いの愛情だけを頼りに結びついていようと努力していくことの本質的なもろさが露呈してきたところにあるとみるべきなのである。

神とのほんとうの契約関係を出発とするアメリカ、ヨーロッパ的婚姻関係には、男女の欲動から発した関係を逆に縛る倫理が働くようにしかけられている。それに引き替え、ほんとうの意味での宗教や信仰心の縛りの代わりに世間の常識の枠組み、すなわち、長い間地域社会の中で阿吽《あうん》の呼吸で共有されてきた集団的拘束力に欲動の統制を委ねてきたわが国の暗黙の仕組みが、個人主義と個別バラバラ化のうねりによってあからさまに破壊されてしまって、ナマの個人が個別の個人として裸のままで責任を負わなければならなくなってしまったのである。社会やコミュニティーにおける倫理や習慣の伝承や文化的継承が途絶えてしまうことが、ほんとうにどのような問題をはらんでいるのか、われわれは互いの注意によって正確に吟味していかなければならない。わが国の家族と家庭はそうした変転過程の波に激しく洗われていると知らなければならない。

3　家庭、家族の中のバイオレンス

本来あり得ない連結が起こってしまって…

家庭、家族をめぐるバイオレンスの問題というと、最近では親から子どもへの常軌を逸した暴力、つまり幼児虐待、児童虐待というのが大きく取り上げられている。

思い起こしてみると、しばらく前までは、思春期・青年期に達した子どもが親や家族に暴力を振るうケースを「家庭内暴力」と呼んでその対策がさまざまに議論されてきた。相談事例の数の点から考えると、今でもそうした例は少なくなっているわけではないと思われるが、昨今では、以前ほど華々しく取り上げられなくなってきた。子どもから親への攻撃行為というと、今では単に暴力を振るって傷つけてしまったといったような範囲を跳び越えて、たとえば、放火殺人に至るとか、家族を全員殺害するといったように深刻きわまりない破壊行為に及んでしまう例が多くなってきてしまったためと思われる。つまり、一般家庭における子どもの親や家族に対する「家庭内暴力」の程度では、ある意味では日常的出来事の範囲で受け止められるようになってきてしまって、もはや社会的にインパクトがなくなってきてしまったためなのではないかと考えられる。

また、家庭内、家族間の別の形の暴力問題としては、夫婦間で交わされる暴力行為もしばらく前まで「ドメスティックバイオレンス」と呼ばれて注目を浴びていた。主として、夫の側からの一方的粗暴攻撃行為によって女性が不当に傷めつけられてきた事例が大きく取り上げられてきたものであった。このドメスティックバイオレンスも家庭内暴力の場合と同様、今でも実際例としては数多くあり、被害女性（まれに男性）を配偶者のバイオレンスからどのように擁護し救済していけばよいのかということが福祉臨床、司法臨床、心理臨床の分野においてなお大きな課題であり続けている。

さらに、このような暴力事象を広く男女間のバイオレンスといった範囲に広げてみると、最近では付き合っている男性と女性の間で繰り広げられる暴力沙汰というのが「デートバイオレンス」もしくは「デートDV」と呼ばれて注目されるようになってきている。以前からの一般常識から男女間の暴力というと、たいてい世間になじむことができずに良識社会に背を向けて問題行動を繰り返してきた男性が、関係を結んだ女性に対して理不尽に暴力を振るうという例が想定されたものであった。ところが最近の「デートバイオレンス」と呼ばれる例では、普通に社会生活を営んでいて恋愛状態にある男性と女性の間で、一方が他方に暴力を振るってしまうということが起こるのである。「互いに相手を愛している」と言いながら、「暴力を振るって傷つけてしまう」と訴えてくるのだから理解に苦しんでしまう。「愛し合っているのなら、相手にやさしくなるはずなのに」という常識があるがゆえに周囲の者は戸惑ってしまうのである。高校生同士のカップルとか大学生同士のカップルといった若者同士の男女が二人で相談に訪れてくるのが印象的である。「激しく殴られて」顔にあざまで作られてしまった女子大生が「彼がいっぱい愛してくれているのに、私がちゃんとキャッチできないから怒らせてしまうんです」「だから私が悪いんです」と言い、一方、男性の側が「こいつにおれがどれだけ本気で愛しているかわからせようと思って殴ったんです」と言う。目の前の二人に対して何をどのように働きかけたらよいのか、考えこんでしまう例である。とにかく、どこかで何かのタガが外れてしまい、本来あり得ない連結が起こってきてしまっているがゆえに、愛するという関係とバイオレンスという事象が不都合につながってしまったものと考えられる。デートバイオレンスが思いがけなく深刻な暴力状況に陥ってしまうということが、現代の人間関係情況の何らかの問題点を告発しているにちがいない。

関係性の倫理的枠組みの喪失

本来あり得ないと思われてきたはずのバイオレンス問題が著しく顕在化してきたという点からすると、幼児虐待問題、児童虐待問題に勝るものはない。母性愛、父性愛の神話をまつまでもなく、力関係からしても全く比べものにならない幼い子どもを当の親自身が見境なく痛めつけてしまうというのだから話にならない。しばらく以前から「子どもを大切に思っているのに」「子どもを可愛いと感じているはずなのに」と前置きを添えて、「でも、気がついたら殴りつけてしまっているんです」と嘆き訴えてこられる例は少なくなかった。こうした事例の出現だけでも、わが国の伝統的母性神話、子宝思想といったものはいったいどこへ行ってしまったのだろうと考えさせられることが多かった。最近では親の側が「子どもが可愛くない」とか、「自分たちの生活の邪魔になる」とか、「子どもがちゃんとしないから悪い」と言い放つ例が少なくない。こうした親たちが子どもを攻撃して死に至らしめてしまった、と言われると、もはやそこには「親子の間での出来事」といった枠組みが外れてしまっているように感じさせられてしまう。文化や伝統に支えられた人間関係に関する倫理の枠が機能しなくなったと考えざるを得ない。生活弱者である子ども、などと言うまでもなく、親が子どもに対して暴力を振るって死に至らしめるという行為は、すでに家庭内人間関係、家族的人間関係の問題として扱うよりも、社会的な不法犯罪行為として扱うほかなかろうと思える。

こうした観点から振り返ってみると、子どもから親へのバイオレンスとして扱われてきた家庭内暴力の事案でも、最近の動向としては、深刻な殺人行為にまで至ってしまう場合が見られるのが実情である。そもそもはじめに家庭内暴力が注目されてきた際には、思春期、青年期の子どもが心理的不安定感を募らせて身近な存在の親に対して暴力を振るってしまうのであろう、と理解を向けてきたものであったが、最近では若年の子どもからの暴力にとどまらず、すでに大人になった子どもが高年に達した親に向かって残虐な行為に及ぶといった例が報告されるようになってきている。子どもから大人への暴力行為も、すでに大人になった者同士の親子間暴力も、その深刻さから考えると、もはや家族人間関係の中でのひずみといった観点から議論することは難しいと言わなければならないものと思われる。同じように、ドメスティックバイオレンスといった場合にも、夫婦間の人間関係のいざこざの延長上で反射的に不適切な暴力行為に走ってしまったものなのだろうといった受け止め方をするのが常識であった時期があった。しかし、最近の夫婦間のバイオレンス事件は、一般的に人間関係的いさかいから生じてくるだろうと想定される攻撃の範囲を著しくはみ出している例が目立ってきている。

このように、昨今では家庭内の家族間バイオレンスというと幼児・児童への虐待問題がとりわけ注目を浴びている観があるが、実は、家庭内暴力といわれた問題のその後、ドメスティックバイオレンスといわれた夫婦間暴力問題のその後、恋人間暴力の先鋭化といった動向を併せて考えてみると、家庭内の人間関係、家族間の人間関係に関わる暴力問題は、それぞれ内容的に深刻化傾向にあることがわかる。ここからさかのぼって考えると、家族、すなわち親子の関係、夫婦の関係、そしてその原型である恋人間の関係といったものが倫理的枠組みとしての機能的意味を失ってきているのではないか、ということが思い浮かぶ。個人の欲動に発する行為に意味あるコントロールを加えるのが関係性の倫理であった。家庭というトポスとしての居場所、家族というアプリオリなシステムでつながった集団、そのいずれもが暴力によって解体されていこうとしているようにも見えなくもない。家庭、家族というものの中にどのような変質が起こっているのかについて、さらに加えて検討してみようと考える。

4　家庭における自然性の喪失――子どもが生まれるということをめぐって

「お母さんが病院から赤ちゃんを連れてきた」

家庭や家族から自然なナマの関係性の体験が喪失せしめられてきている問題の中で忘れてはならないこととして、人が家庭で生まれ、人が家庭で死ぬ、ということが難しくなってきた、という点があげられる。日本人の平均寿命が飛躍的に伸びてきた大きな一因が、少なくとも周産期医療・小児医療の進歩によって新生児期、幼児期の不幸が減少してきたことによるということはよく知られているところである。こうした医療科学の進歩の過程からするならば、出産を病院、医院でと考えるのはごく当たり前の流れであったのだろうと思い起こされる。たいていの夫婦が妊娠中から医療の管理のもとに置かれることを当然のこととして受け止めるようになり、その延長上で出産も病院、医院の場で迎えるのがほとんどといった情況になったのである。確かに、どのような時代にあっても妊娠期、出産期というのは大変な時期であって、たとえ健康な母体と胎児であったとしても、ほんとうは常に命の危険と隣り合わせといってよい時間を過ごすものである。その意味で妊娠、出産の時期を病院、医院の管理下で過ごそうというのは安全、安心といった観点からすれば普通の判断であるといってよい。

ただ、ここで、ある家庭の子どもが言った言葉が思い出される。その子は弟が生まれてお母さんがしばらくぶりに家に帰ってきた時に、「お母さんが赤ちゃんを連れてきた」、しかも「病院から連れてきた」と言ったというのである。子どもらしい一言といえばほほえましいような話であるが、その子の心の内面に思いを向けてみると、実は、ある意味では子どもなりに少なからず戸惑いを感じているのではないかといったことを思わされるのである。お母さんが赤ちゃんを「病院から連れてきた」というところに、出産という一大事を通して弟の存在が自分の身の上に訪れたという大きな出来事がもつ本来的な超越性、神秘性といったことが、子どもの心の中で薄まった形で体験されてしまったのではないかと感じたのである。

そもそも子どもにとってのみならず、大人にとっても新しい命の訪れは破格の出来事である。子どもがはらまれた時からの時間経過は当の母体のみならず、関係の者すべてにとって驚きと喜びで受け止められ、不安と心配で過ごしたのち、感激と感謝で誕生が迎えられるものである。普通に妊娠、出産への過程を体験した者であれば、こうしたプロセスが必ずしも順調に推移するものではなく、むしろ折々に思いがけないつまずきやさまざまな心配ごとに襲われて、それでも前向きに時間的展望を抱いて待ち続け、ようやく新しい命と確かに出会うことができるようになるということを知っている。

もちろんこうした経過に個人差はつきものであるが、子どもを出産したたいていのお母さんにそれまでの経過を聞きただすと、身体的であれ心理的であれ、何度かは「不安で落ち着かない危機的ともいえる体験」をしてきていると言われるものである。いわば、新しい命を授かるためには期待と不安が紙一重で同居するプロセスを長く経験し、また、喜びと恐れを紙一重で味わう稀有な体験をしなければ、その時を迎えられない仕組みになっているといったことなのである。

おそらくどのような時代にあっても、こうした営みが常に紙一重の性質をもっていたがゆえに、逆に感謝や感激は通常意識を超えたほどに体験され、それゆえ、命を授かることはどこまでも神秘的で超越的な出来事として受け止められてきたのであろうと推察されるものである。自然が本来的に驚異や畏怖といった感覚体験を引き起こす力を有しているという点については、誰もが認めるところであろうと考えられる。こうした点からすると、家族の中に新しい命を授かるという事態は常に驚異の自然として体験されるはずのものといって差し支えない。その意味では、病院や医院で妊娠、出産を管理されるということをあまりにも当たり前のこととしてしまうと、そうした行為そのものが医療に沿った技術的営為として受け止められることになってしまい、もともと妊娠から出産への過程に伴っていた神秘性や超越性の体験機会が失われてしまうといったことになりかねないといった話になるのである。

神秘性や超越性の体験感覚

先にあげた、病院から弟を迎えた子どもは、さしずめ、新生児とのはじめての出会いという神秘的で超越的な出来事を驚異な体験として受け止める機会を奪われてしまったといってよいかもしれない。こうした話の延長上で気になることとして、昨今の若い夫婦の中に、自然出産が可能であるとわかっているにもかかわらず、妊娠中からあらかじめ出産は「人工的方法で」と決めてしまっている場合が多くなっているという点がある。もちろん医学的な理由から、いわゆる帝王切開で出産といった話はむしろ母子を守るという意味で大切な方法である。別の観点から、子どもを授かりたいという願いからさまざまな医学的な方法に解決を求めるということもそれぞれ尊い試みである。

しかし、ここで最近の話として取り上げようとしているのは「生まれてくる子供の誕生日を前もって好きな日に決められるから」医師に託するという着想があるという点なのである。ある意味では合理的であって、文字通り個人の自由という範疇に属するということになるかもしれない。また、医療経済的な観点からしても、ことを計画的にすませようとするには好都合ということになるかもしれない。医療技術の進歩を享受する権利はだれもがそれぞれ有しているのだから、もともと目くじら立てるような話ではないということになるかもしれない。とはいっても「生まれる前から誕生日を選べるから」という発想には、どうしても個人の自由とか権利といった範囲から逸脱しているのではないかという思いを禁じ得ない。人間の誕生を大きな自然の営みの中の偉大な出来事と考える観点からすると、その現象全体の中に人間の技術や知的な理屈を超えた畏怖するに足る部分が具わっていると受け止めることも大切なのではないか、といった考え方が浮かんでくるのである。

確かに、一方で偶然性や運命性という思考で不必要に物事を片づけてしまおうとするのは人間性の観点からしてもむしろ怠慢といった方が適切である。しかし、だからといって科学技術、医療技術の進歩によって人間存在の根本的尊厳性とか自然の摂理の神秘性、超越性といったところまでも現世的願望によって操作してみせるというのは、必ずしも人の心を幸せにはしないように思われてならない。実際、「生まれる前から親が誕生日を決めてくれていた」と言われて大きくなった子どもに出会ったことがある。ほんとうにそれがここに述べてきたような方法、技術によって発した話なのかどうか確かめたわけではない。とにかくその子は、自分の出生にまつわるいきさつがいかにも親の意思に沿ったものであって、そのことに何ともいえない「割りきれなさを感じる」ということを教えてくれたのであった。おそらく出産という営みに際して感じる神秘性や超越性、そしてそのことに対する畏怖の念というものは、実は生まれて育っていく子どもの側にも、のちのち同様に自分自身の存在性についての神秘性や超越性の感覚を導き育てていく根拠となっていくのではなかろうかと思わされる。そして、そのことは子どもの心に自己存在の尊厳性や意味性を根付かせていくことにもつながっていくであろうし、ひいては自分を取り巻く自然の摂理や普遍の意味世界に対する根源的な感謝心をも育んでいくであろうと考えられるものである。

子どもの出産という事象が日常生活場面から遠のいていくということが、われわれの心にどのような影響を及ぼしてきているのかについて、振り返ってみる必要があると思われるゆえんである。なお、最後にこのような危惧を和らげてくれる兆候として、最近では助産師に依頼して自宅出産を目指そうとする者も多くなっているということも添えておきたい。

5　高齢者、老齢者を抱える家族の課題

猛烈な勢いで進む少子高齢化

前項で、最近の出産事情において行き過ぎた科学技術への依存ともいうべき出産日の操作が広く行われてきているといったことにふれた。ここで問題として取り上げたのは、周産期医療の進歩を頼みに、科学の恩恵によって夫婦の愛を実現しようと努力してきている方々のことではない。ややもすると誕生という人生の始まりが神秘性や超越性を伴って体験されるのではなくて、両親や大人の都合と意思に沿って操作的にそのスケジュールを決められるということが容認されてきているという点であった。ただ、このような点を問題視するのであれば、実は時間軸を思い切り後に移して、家族の高年化、老年化の問題に対して現代人がどのように対処していく知恵を具えているのかという点についても議論を向けなければならないことになる。

核家族化というのが現代の産業社会化と市民社会化の流れと軌を一にしていることは周知のことであろうが、こうした家族構造の変化と並行する形で、少子高齢化が猛烈な勢いで進行してきた。つまり、ここでは核家族構造を基本にしつつ、少ない子どもが高齢化ないしは超高齢化していく祖父母や親をどのように支え、見守り、見送るかということが、家族としての不可避の課題になってきたのである。一九六〇年代から一九七〇年代にかけて、わが国の高度経済成長のもとで都市化や経済生産構

造の変化から家族の位置や役割、そして家族構成の形も大きく変化してしまったのであるが、この当時、国民のほとんどが目の前の喫緊の経済的課題に取り組むのが精いっぱいで、家族の行方とか生き方の変容などといったことは後回しになっていたような気がする。その当時、次々と都市に出て結婚して核家族を構成していった若者たちの背後には、田舎、故郷に住む親や年寄りたちがいたはずである。理屈から言えば、何年かのちにはそうした親たちも老いていくのだから、いずれは自分たちがどのように面倒をみるのかということを展望しておかなければならなかったはずである。しかし実際には、こうした時期の若者たちにはある種の科学技術信仰と未来信仰のような風潮があって、将来のことはその時に何とかなるだろうとばかりに問題意識を先送りするといったムードで走ってきた傾向があった。高度生産性社会の実現ということが、同時に矛盾背反する事象として公害問題とか環境問題として噴き出してくるということを経験的に学習するには、まだ時間を要するところであった。このようにまだ日本が前のめりの態勢で歩み続けていた時期から、日本人の寿命が飛躍的に伸びてくることになった。そして、二〇世紀から二一世紀にかけて、だれもがそれまで考えてもいなかったほどのスピードで深刻な高齢化社会を迎えることになってしまったのである。

もちろん、今から振り返ると、政治や行政の分野ではすでに高齢化社会化の問題と少子化の問題は表裏一体の深刻な課題として取り組まざるを得ないということは認識されていたようであった。最近になって年金問題とか老人医療の問題とか介護保険の行きづまりといったようなことが話題になるが、そもそも何十年か前を振り返ってみるならば、いずれ高齢化して自立生活の力を失っていく祖父母世代や親世代の急増を見越して、そうした年配者の命と生活を国民みなの力で支えていかなければならないといった施策がいち早く着想され、実際に着々と実施されてくることになったということを考えると、まちがいなく慧眼であったといってよいのではないかと思われる。とりわけ、高年者、高齢者の問題を家族問題との関連で考えるならば、介護保険制度の実施は重大な意味をもった施策の転換であったということができる。医療の進歩を中核として、経済社会システムの成熟によって寿命が長くなっていったのはもちろんよいことにはちがいないが、一方、別の観点からするならば、親や祖父母の面倒をみる位置に立つ子ども、孫の世代が飛躍的に増大していくということになったのである。介護保険制度が医療を主軸にして構築されたことによって、医師を頂点とした身体看護が中心になる介護システムになってしまったことは当初から問題になったところであった。身体医療といった視点のみでなく生活介助といった視点がもっと重要視されたならば、現在の状況以上に受益者の生活の質に焦点を当てたケアが行き渡ったのではないかと考えられるところなのである。とはいえ、とにかく高年者、高齢者の終末期までのケアを後に続く世代が丸ごと抱えて家族関係として責任を全うしていく、というシステムになっていたとしたら、経済社会の動きや流れがとても不自由になっていったにちがいないと思われる。

高齢者を抱えた家族の関与の問題

特に高年者、高齢者が何らかの病気を発症して、要介護の状態と認められて、介護計画が構築されなければならない段階にまで至ると、医療、福祉を全般的に見通したマネージメントの能力が求められる。実際的ケアの現場からすると、ある意味では医療関係スタッフ以上に有能なケアマネージャーの力が、局面をダイナミックに動かしてくれていると感じる場合が少なくない。ただ、究極の状況を考えると、最終的には家族メンバーが当該高齢者の終末の生命をどのように受け止め、どのようにアレンジしていこうと考えるかに重心が移っていかざるを得ない。だれもがすでによく知っているように、こうした時、医療の場では科学的知識と技術見能力の行使によって「生命維持の可能性」について関与してくれるにすぎない。命の残りをどのようにアレンジして、その終わりをどこでどのように迎えればよいのかといったことについては、とりわけ医療の現場スタッフは及び腰になりがちといってよい。むしろ、ケアマネージャーをはじめとする介護関係の専門家の方々が当該高齢者の周辺家族の方々と深く関わって、適切なケア計画を計画し実現していったという話を聞くことが多い。

考えてみれば、妊娠、出産、成長、病気、高齢化ケア、老齢化ケア、終末ケアのいずれもが、わが国においては医療制度のもとに抱えられているといってよい。確かに、どの時期のどのようなケアにおいても、身体ケアが基本軸になることは否めないのであろうが、ここに述べてきた高齢者、老齢者を抱えた家族の関与というところに視点を移すと、長い歴史の中で積み上げてきた家族の特有の関係性を十分に見越して、それでいて、医療や看護の可能性や社会システムの広がりまでをも視野に入れた専門的マネージメントケアの役割がとりわけ強く求められる時代状況になってきているのではないかと考えられる。あえて言うならば、今や終末期に向かう高齢者、老齢者に対する医療のケアの技術的広がりは専門外領域で生きている一般的な関係者家族にとってまるで想像もつかないような処置、処方が実践されるところまできているため、たとえば若年家族が老齢家族に対してケアの方法を考えた場合、専門家の見地からすると全く的外れで不十分な関与を推し進めてしまうという可能性が生じかねないのである。前にも述べたように、家族関係観の原点からすると、われわれは家族、家庭の中で命を始めて、家族、家庭のもとで命を終わるというのが最も自然なことといった受け止め方をしてきているといってよい。しかし現代というわれわれ人間の想定をはるかに超えた科学技術の時代にあっては、家族がどれだけそうした技術の発展を含みこんで活用していくことができるか、そしてそうした点検と並行して、家族内の人間関係の歴史からくるさまざまな思いをどれだけ統合していくことができるのか、といったところに課題の中心点が認められるようになってきていると考えられるのである。こうしたことを効果的に実現していくために、家族が家族の範囲で道を模索するという方法を超えて、マネージメントを助けてもらえる専門家に援助を依頼しなければならないのである。いわば、家族が家族としての意味ある機能を果たしていくためには、現代では、特定の局面では一定の外部からの知恵を借りなければならなくなってきているということなのだと考えられる。

こうした意味からすると、少子高齢化の流れの中で、今、高齢、老齢、とりわけ介護を要する祖父母世代、親世代を抱えた家族というものは、時代に即した新しい家族のあり方について日々模索を行っているとみなすことができる。

6　家族システムの変化から考える現代家族

「イエ」の意識や「家風」というもの

少子化と高齢化、一方で科学技術の発展、物質文明の展開、そして高度情報社会化の流れの中で、わずかの時間の間に、家族というものはそのあり方を根底から揺さぶられてきている。かつて、といってもわずか数十年前までのわが国の家族では、親、子、孫の三世代が自然な形で同居しているのが当たり前の形であった。モデルとして振り返って考えるならば、家族というものはすでにさまざまな領域で議論されてきたように、確かに共同の生産組織、共同の生活体として機能することが中心的あり方になってきていたといえる。農耕における一斉共同作業、家内制工場における分業共同作業、小規模商業組織における役割分担共同作業といったものを思い起こしてみると、家族というものはその成員それぞれが老若男女のちがいに従って位置や役割を分担することによって一つのまとまった生産体、生活体として有効に力を発揮できるように考えられてきたものと理解される。このような有効な生産体とか有効な生活体といった家族に対する見方は、実はずいぶん長い間われわれの社会で幅広く共有され継承されてきたものといえる。そうした中で、ごく当たり前のように家族としてのまとまった価値観であるとか、日常的生活習慣といったものが形成されていった。そうした蓄積が抽象化されて受け継がれていったものが、「イエ」の意識とか「家風」とかいったものであり、こうした点からするど適応、なかんずく社会適応の第一歩は、家族成員としてどのように位置してどのような役割を担っていくのかについて自覚的に実践できるようになっていくことであったように思われる。

こうした観点から子どもの成長について振り返ると、家族の中で育っていくということが生活共同体、生産共同体の一員としての自分というものをごく自然に体得していく機会になっていた。ひるがえって言うならば、コミュニティー意識の形成とか社会性意識の獲得などといった課題はわざわざ学習のテーマにするようなものではなくて、最も身近な日常生活である家族生活の中で十分習得していくことができていたとみることができる。生活共同体や生産共同体の中での自分の位置や役割を当たり前に担っていくということは、ある意味では自分自身の意思や希望を積極的に規制しなければならなくなる。考えてみればそうした自己規制に向けての直面化が日々の日常生活場面の随所で経験されるのだから、その圧力は大変なものである。「イエ」の縛りに抵抗する、親の意向に反抗する、生活体、生産体としての家族を捨ててほかの生き方を選ぼうとする、などといった青年期の自立へのジレンマといったことも、こうした「家族というもの」「イエというもの」のもつ拘束力をちゃんと経験していくプロセスのもとではじめて意味のある生きた体験になっていくのだと考えられる。そもそも反抗期という自分意識をめぐる葛藤というのも、家族が子どもとしての自分を抑えこもうとしてくるにちがいないという被害感、迫害感の予期的確信を前提として体験されるものであったはずであるから、今のように親や「イエ」の束縛力がまるで子どもに及ばない時代になってしまっては、基本形としてのほんとうの反抗期というものは、その出現の機会を失ってきてしまっているのではないかといってよいように思われる。案の定こうなるとこうなってきたで、「昔に比べて家族的束縛力によって子どもがつぶされることがなくなった」と祝福の声をあげていたのではすまないような問題が新たに生じてきているように思われる。いわば反抗期体験を素通りさせられてしまう現代の子どもたちの不幸という話である。

実際の心理相談事例で振り返ってみると、とても興味深い時代的変化が見られることに気づく。

時代社会による悩み方の形の変遷

かつて三〇年ほど前、不登校になった小学生の男の子を相談に連れてこられたご家族があった。古くからの商売家で、今では老舗といわれている材木商の家とのことであった。子どもの両親はすでに中年にさしかかっていたのであるが、一家の代表格はその時もなお、おじいちゃんであった。子どもに対する遊戯療法とともに、並行して家族療法の試みも行った。そこで明らかになった臨床心理学的問題点は、家長としてのおじいちゃんの存在に集約されている「イエ」とか「家風」とか「伝承」とか「伝統」といった、家族的拘束力をめぐる三世代の家族構成員間の葛藤やジレンマといったことであった。

カウンセリング場面における発言でこうしたことをとてもよく表していると思われたものをあげてみる。相談開始、四ヶ月目の家族セッションでのおじいちゃん、おばあちゃんの言である。「うちの孫がこんな世間からこぼれたことになるなんて、うちの家系にはあり得ないことです。イエの恥だし、ご先祖に申し訳ないし、すべて嫁の責任です」。祖父母の息子でもある父親はただうつむいて聞いているだけで、頭の上を嵐が通り過ぎるのを待っているかのようであった。嫁の立場で祖父母から攻撃を受けていた母親は、唇をかみしめ目を見開いてカウンセラーの方に顔を向け続けていた。家族療法のテーマの一つでもある「世代間」の侵襲ということをどうやって防止し、新しい家族関係の構築に向けてどのように導いていったらよいのかということが実践的課題となった。いわば孫であり子どもでもある当の小学生は、自分の自分性を認めようとしてくれない祖父母ないしは「イエ」の束縛力に対して不登校という行動化によって反抗を示し、同時に、自分の自分性を守ってくれるのではなく祖父母からの圧力をそのまま子どもに素通りさせて流しこんでしまう親たちの姿勢に対して、不登校という行為で告発を行ってきたものと理解された。

家族療法家の中には、家族システム論に基づいて実践的課題を「世代間境界の確立」と唱える向きがある。ここにあげた子どもが被ってきたと考えられる家族というものの拘束力や束縛力が個としての心の成長を阻んでいるという場合には、確かにこの「世代間境界の確立」というテーマは有効性を保持していると認めてよい。しかし、先に述べたように、最近の時代社会風潮をバックにして、現代の子どもを育ててきている親たちが、子どもの成長過程において家族や「イエ」を背負って子どもに圧力を加えるどころか、逆に子どもの個別意思を無分別に尊重しようとするようになってきた時代にあっては、以前とは異なった文脈での子どもの心理的ジレンマ体験が生じてきていると考えられるのである。

そうしたことを考えさせられた例をあげる。

子どもの問題を訴えて、先の事例の居住地域に近いところからの来談があった。ただ、地域事情は三〇年ほどの間に激変していて、材木商を一家で担うなどという家庭はすでに近所には見当たらなくなってきてしまっていた。こうしたことと並行するかのように、同行した親たちは今は家業を継がないで勤務者として家計を支えているのであった。年代的に見ると、ちょうど先の事例で相談対象となった子どもが親になって、今度は自分たちの子どもの問題で来談してくれた、といってよい感じであった。家族が全員で家業に関わるシステムは、この家庭にも周囲の元同業者たちの家庭にももはや存在しない。産業構造の変化によって、家業そのものが全員の参加を必要とするほどの人間労働力を必要としなくなったということでもある。角度を変えてみれば、農業を家業とする家庭の場合も、今では家族総出で近隣からの人的援助まで頼んで農作業にあたるという場面はなくなってしまっている。相談の子どもの親たちが次のように訴えた。「うちの子は幼い時から自由にさせてきた。それなのに小学校四年生から二年間、不登校気味で、おまけに時々親に向かって暴力まで振るうことがある」「いったい何が不満でこんなことになったのか、見当もつかない」と。自分たちの価値観や考え方を子どもに押しつけようなどとは全く思っていないし、実際に押しつけたいと思うような考え方などもはやもっていないとのことであった。専門的に子どもの心の内面というところに目を向けると、子どもは明らかに、自分がどのような自分であればよいのか模索を始めたところでつまずいてしまったにちがいなかった。

三〇年前の小学生が、同じような時期に家族やイエの圧力に対して闘いを挑んで悶々としなければならなかったのに対して、今度の小学生の場合は、抵抗や反抗の必要はなくなったのだけれど、皮肉にも、自分の意思で自分らしさの模索を始めようとした時、自分の感覚や直感をぶつけて照合することのできる確かな手ごたえの相手を見つけることができないという問題にぶつかってしまったということなのである。

時代社会の変遷ということが子どもの悩み方の形にまで影響を与えてしまうという実際例である。

7　離婚・再婚に伴う家族間のトラブル

娘の非社会的行動傾向の背景に…

家族問題というと、最近の動向として、夫婦離婚によってもとの親子家族がバラバラになっていくという例を取り上げないわけにはいかない。かつては「崩壊家庭」といった配慮を欠いた表現を使っていた時期もあるが、今ではいわゆる離婚を経験する家庭が珍しくなくなってきたせいか、ようやく離婚経験家庭について、そうした問題ある表現を使うことが少なくなってきたように思われる。しかし、実際に心理臨床の相談場面では、夫婦離婚に始まって困難な家族関係事態に陥ってしまう例が決して少なくない。

ずいぶん前、離婚から再婚といったケースが社会的に数多くなってきつつあった頃の事例である。中学生の女の子のパニック反応、非社会的行動を問題として抱えた母親が相談に来られた。過換気症候といわれる突発的な呼吸困難、それに発熱、悪寒といったような、いわゆる自家中毒的な心身反応が頻発するとのことであった。加えて、時折、夜間外出、外泊などといったプチ非行化の傾向も見られるということであった。確かめてみると、その母親も父親も共に離婚からの再婚者で、夫と妻と一人ずつの子どもを伴って二年前に家族になったとのことであった。夫の子どもは男の子であり、妻の子どもの中学生の女の子が問題を発症したとのことなのであった。

はじめは、思春期にさしかかった子どもによくある情緒的混乱反応の例なのではないかと考えて接していた。しかし、カウンセリング開始後、それほど時間が経たないうちに心を痛めるような話が吐露されるに至った。夫、つまりその女の子にとっての義父が、義理の娘であるその女の子に性的ないたずらを働くという話であった。いたずらといっても実際には相当ひどい行為で、妻という立場よりも母親としてどうやって娘を守ってやればよいのか困っているというのであった。当たり前の話として、それは夫として父親として、さらには一人の男性として明らかに不届きな行為をしていることになるのだから、そのことを夫婦として実際に取り上げて話し合ってみたらどうかという進行になった。ただ、ここで母親の話を聞いていると、その母親が何ともやっかいな思いを抱いていることがわかってきた。要するに、再婚した相手である夫の機嫌を損ねて夫婦間に亀裂が入るようなことは避けたいと思っている、ということなのであった。そして、このような思いを抱いて、実際に娘に向かって「できるだけ辛抱するように」と言いきかせているということも打ち明けられたのであった。

家族、家庭といったシステムの負の側面

夫婦のこと、親子のこと、家族のこと、家庭内のこと、いずれもパーソナルな事象そのものであり、プライバシーに属することであるから、むやみに他者が立ち入ることは戒めなければならないことである。しかし、逆に言えば、家庭内のこと、プライバシーに属することであれば、たとえ不法、不当なことであっても看過しなければならないのかということになると、大きな問題を感じざるを得ない。とはいっても実際のカウンセリングの場では、まことに微妙なやりとりが展開してしまう。母親とし

ては絶対に男性を許せないのであるが、「夫を生活の支えとしている」妻の立場としては、娘が「うまく辛抱してくれれば」家族全体としてうまくいくのに、といった不当で甘い考えにすがりつきたくなるということなのであった。母親自身、自分の思いの不当さや不適切さはわかった上でなお、そのように思うというのだから、ほんとうに大変なのである。

角度を変えて考えてみると、もしかしたら広くカウンセラーとしての倫理といった観点からして、クライエント中心とかプライバシーといった議論以上に、もはや、市民社会の常識感覚に反するという意味で、父親の行為の不法、不当といった問題をクライエントである母親に強く投げかけ迫っていかなければならないのではなかろうかとも考えさせられてしまう。しかし、なお、再び実際の実践に立ち返って事態を総合的にとらえ直してみると、カウンセラーとして母親に問題を投げかけたとしても夫にまちがった行為をどのようにしてやめさせることができるのか、さらには傷つけられて心も体も痛んでしまっているはずの娘のケアをどのようにして実効化していけばよいのかとなると、改めて思いあぐねてしまうのである。具体的進行としては、このケースの場合、母親と夫すなわち娘の義父の両者同席の面接場面を設定し、いわゆる家族療法としての視点から、両者に新しい家族役割、家族意識を醸成してもらうように促して、家庭内問題の解消へと向かっていった。

ただ、補足的にふれるならば、娘自身の非社会的行動傾向はなおも引き続いていくことになった。この点に関わって、母親から添えられた次のエピソードには、残念なことに、たとえ不都合で不適切な事象であっても、家族や家庭といったシステムの場では、ある意味では安易に隠匿されてしまいやすいところがあると考えなければならないのかと思わされてしまった。再婚した父親の息子、すなわち娘の義理の兄が、実は義理の妹に対して親の目を盗んで性的な行為をしかけてきていたということが明らかにされていったのであった。

こうした事例を知ることによって、結婚から離婚、そしてそれぞれ自分の子どもを抱えての再婚といったプロセスが必ず不幸を招いてしまうなどと決めつけてしまうのは適切ではない。しかしながら、ここに取り上げたような困難な問題が起こり得る可能性があるということを考えもせず、ただ安易に新しい男女の出会いを謳歌しようなどということになると、そのこと自体が逆に常識感覚の欠如につながってしまうのではないかと言いたくなる。男女関係問題、すなわち性的な問題事象につながっていくトラブルは、なにも義理の父親と娘との間に限ったことではない。義理の母親と息子との間にも発生しておかしいことではない。そういえば、離婚から再婚へと進んだ夫婦、家族の問題でなくても、昔から非常識な問題事象として、嫁と義父との間の不行届きな関係問題とか、もっと言えば、実の母親と実の息子との間の不都合な関係問題、実の父親から実の娘に向けての無体な暴行、といったような話は知られていないわけではなかった。多少、角度を変えて取り上げるならば、子どもを伴って再婚した一方の親が他方の子どもに対して暴力を振るって困るといった事例が少なくないということもよく知られていることである。

とにかく、心理臨床の専門の立場からすると、家庭、家族という本来的には愛情や思いやりに包まれて営まれていると信じられている人間関係の場に、実は想像を超えるようなトラブルがしばしば発生してきているということをよく知っておかないと、新しい生活の中で思いがけない混乱と破綻に遭遇することが起こりうる、ということなのである。

8　関係性から家族と社会の問題について考える

関係性の倫理の崩壊から生じた諸問題

われわれの生活を取り巻いている文明や文化の時代社会的な変容のもとで、現在、家族や家庭において経験されている対人関係や対象関係が相当困難な課題を抱えるようになってきているということをいくつかの観点から述べてきた。その中で、そもそも家族や家庭の成立基盤になっている男女の関係、夫婦関係、親子関係など、もともとの人間関係のあり方そのものが変質、変容してきていることが家族や家庭の中での問題発生の背景事情として深く関与しているということを具体的に取り上げてきた。ここでひと区切りとして、現在、なお解消できないまま横たわっている問題がどのように認められるか、点検しておくことにしたい。

まず、現代、日本人の人間関係のあり方に大きな影響を与えてきている問題としては、アメリカ化志向ともいえる経済社会のグローバル化の動向のもとで、いわば輸入物で借り物的な個人主義、個別主義の風潮が無点検のまま現代人の心を支配するようになってきて、それが皮肉にも一人ひとりの心を孤立と孤独の方向に追いやることにつながってきてしまい、その結果、若い人たちを中心に人と人との関わりは、むしろ互いにバラバラに切り離された位置から出発するのが当たり前といった思考が共有されるようになってきている、という点を共通認識にしなければならない。もちろん、不必要なしがらみや人間関係の重い縛りにからめとられて苦労し、混迷を一手に引き受けさせられて行きづまりに陥るくらいなら、いっそ面倒な人間関係などすべて捨ててしまって自由に解放された方がよいと思うことがあるのは、だれでもよくわかるところである。確かに家族関係であれ、人間関係であれ、余計なしがらみに巻きこまれて心身不全状態に陥っている人たちに対しては、どうやって自分というものの尊厳を獲得していくのかというのが臨床的援助の課題になる。しかし、時代社会的な心理風潮として、個人個人がバラバラになって生きていくことが当たり前とされ、関係性の意味が顧みられなくなってくると、それはそれで新しい大きな問題が生じてくるとしなければならない。

実際、「関係体験能力の不全」といってよい「高機能広汎性発達障がい」と呼ばれる子どもたちが、団塊ジュニアを中心とする親世代、フローティングジェネレーションといわれる親世代のもとで生まれてきているということを紹介してきた。親子関係における価値観や倫理の継承という観点からするならば、そもそも「高機能広汎性発達障がい」の子どもたちの親年代である団塊ジュニアを中心とする世代やフローティングジェネレーションといわれる世代の人たち自身が、すでに個性化の教育、個別化の教育によって関係性の体験の意味をあまり重要視しない傾向を共通に具えてきてしまっているというところに問題をさかのぼらなければならないかもしれないのである。別の事象として、昨今言われているモンスターペアレンツという、学校関係者を一方的に攻め立てる親たちの出現も関係性の倫理が消失したところに発しているのではないかと考えられるものである。

改めて人間関係コミュニケーションを取り巻く周辺状況を見渡してみると、パソコン、携帯電話、インターネット、電子メール、ブログ、ツイッター等々、ナマのライブの関係体験はどんどん消失していく方向へ進行してきている。こうした中、メディア情報の中だけで通用するはずのバーチャルリアリティーという表現そのものが、もともとの「ニセモノ」とか「ウソモノ」といった評価から転じてしまって、文字通り一つの現実的事象を意味するものとして受け止められるようになってきている。孤立や孤独への傾斜、関係性の断裂といった人間関係性の倫理の変質が親世代から子ども世代へ引き継がれていって、いつの間にか人と人がつながり合っているという実感を確信できなくなってきているというのが多くの人の心模様であると言うことができる。

他のところで私が「関係体験不全問題行動群」と呼んで取り上げてきた「今風のリストカット、今風の摂食障害問題、今風の呼吸不全問題、今風のニート・ひきこもり問題、パソコン・携帯フェチ問題、ネット・ゲーム依存問題、各種の暴力・虐待問題、多重人格様の問題」といった一連の問題事象はこうした関係性の倫理の崩壊といった社会の動向と密接に関連しているように考えられるのである。(注1)

心の内のブラックホール

こうした問題事象に落ち込んで困惑している若者たちの多くは、本人自身の自覚として「自分がない「自分が感じられない」「生きていることが本当かどうかわからない」「自分の存在が確信できない」といったように、「自分」とか「自己存在」といったところに苦慮の矛先を向けている。しかし、実は、彼らの心の中にある不安の中核は「人との〝関係性〟がわからない」「どうやって人と〝つながれば〟よいのかわからない」といったことであり、それが昂じた場合には「自分はどこにも〝つながっていない〟」「そんな自分がどこに〝つながって〟生きていけばよいのかわからない」といった

「関係性の不確かさ」についての深刻な思いに陥って立ち往生してしまっているものなのである。

繰り返すことになるが、今の若者たちは、時代社会精神の変容のもとで、関係性の体験の意味を実感できないまま生活してきている。そして、いつの間にか「関係性の断裂」といった感覚まで当たり前に受け止めるようになってきてしまっている。こうした生活経験を重ねていって、それでも当人が孤立化とか孤独化といった空気を客観的に眺めることができている間はまだよかったが、いざ自分が孤立や孤独とナマで向き合うことになってしまった時、その寄る辺なさややるせなさにどのように対処すればよいのか、方法も技術もまったく備わっていないということに衝撃とともに直面化せざるを得なくなるということなのである。

関係性の意味を大切に感じる経験をしてこなかった彼らにしてみれば、あわてて人との関係を求めたり周囲につながりを求めたりしても、そもそものための手がかりを持ちえていないというのが実情なのであるから、ことはやっかいになってしまうのである。幼い子どもの地団太行動と同じく「どうしたらよいかわからない」というのが彼らの叫びに違いないのであるが、結果的に表面に出てくる問題事象はけっこう深刻なものになってしまっている。

重ねて整理してみると次のようになる。彼らは周囲との関係性の中で自分というものを体験してきていないので、自分自身の内面に苦痛や苦悩を抱えた時も、それを周囲との関係の中で訴えることができない。つまり、自分が苦悩しているということを周りの人にちゃんと伝えるという動機も技法も持ち合わせていない。考えてみれば、「助けてほしい」とか「手を差し伸べてほしい」といった願望を人に伝えるには、その相手との関係性のあり方を基盤にして伝えるのでなければちゃんとした伝達にはならない。この関係性についてのセンスが彼らには決定的に不十分であると言わなければならないのである。実際、臨床経験を振り返ってみると、「関係体験不全に基づく問題行動群」の若者たちの多くは、彼らが親友と呼ぶ者に対してすら自分の問題をちゃんと伝えることができていない。家族関係という点からしても、たとえ日常生活を家族で過ごしていたとしても、結局、だれにどうやって救いを求めたらよいかわからないまま、あいまいに流れてきてしまっているというのがほとんどなのである。

いわば、生活上の関係性の体験不足から発している心の内のブラックホールの前で、震えながら立ちすくんでおののいているといった感じであり、専門的な観点からして、従来から考えられてきたオーソドックスな因果論的な悩みの構築過程をたどってきているとはとても見られないものなのである。つまり、彼らは、自分と自分自身の心の中の不都合な部分との間で葛藤を経験して悩みを形成しているのではなくて、自分が自分をどのように体験していけばよいのか、ただ途方に暮れているといった感じなのである。昨今では、こうした問題に対して「社会性不安障害」と呼んで「高機能広汎性発達障がい」と同様、傷病名を付すことで何とか仕分けをしようとする向きもあるが、臨床実践上の観点からすると、「社会性不安障害」も「高機能広汎性発達障がい」も、共に「関係体験不全」という問題を直接取り上げることからしか実際上の関わりのアイディアは生まれてこないものである。つまり、関係性の体験をナマでライブでどのように経験してもらい、そしてその経験の蓄積から関係性の体験の意味をどのように自覚的に自分のものにしてもらえるか、といったことが関与の課題になるということなのである。

　こうしたところから改めて現代家族の問題を考えてみると、すでに親世代と子ども世代の両方は時代社会のもつ「関係性の断裂」の空気に同調するかのように、関係性の体験の意味を失いながら家庭生活を営んできているといわなければならない。時代社会の変遷とはいえ、われわれの日常経験世界から関係性の体験の意味がどこまで失われていくのか、暗澹《あんたん》たる思いに駆られる。

　われわれ日本人は、以前に述べたように、歴史的に考えてみても、もともと個人主義や個別主義に基づく人間関係観に必ずしも適性を備えているとはいえないように思える。この点から考えてみると、現在、リストカットをはじめとしてさまざまな「問題行動」を呈してしまっている若者たち、そして「発達障がい」といわれて問題視されている若者たちは、実は、個人主義や個別主義が簡単に孤独や孤立に結びついて心の不全をきたしてしまうことがあるということを、身をもって訴えてくれているのではないかと思えてくる。

　今のうちに「関係体験不全」問題について真剣に考えておかなければ、われわれ皆が自分たちの生きる姿や形を見失っていってしまうのではないかと危惧される。

《第6章◆注・文献》

（注1）川上範夫『関係体験不全の若者たち（学童期・青年期）への臨床実践的アプローチ――医療・治療モデルでなく心理教育・リハビリモデルの重要性』（岡堂哲雄編『心理臨床フロンティア――倫理の再構築に向けて［現代のエスプリ500］』）至文堂、二〇〇九年

参考文献

バリント、M.著、中井久夫訳『治療論からみた退行——基底欠損の精神分析』金剛出版、一九七八年
ベイトソン、G.著、佐藤良明訳『精神の生態学』思索社、一九九〇年
ビオン、W.R.著、祖父江典人訳『ビオンとの対話』金剛出版、一九九八年
ビオン、W.R.著、福本修訳『精神分析の方法I——セブン・サーヴァンツ』法政大学出版局、一九九九年
ビオン、W.R.著、松木邦裕、祖父江典人訳『ビオンの臨床セミナー』金剛出版、二〇〇〇年
ボラス、C.著、館直彦、横井公一監訳『精神分析という経験——事物のミステリー』岩崎学術出版社、二〇〇四年
ケースメント、P.著、松木邦裕訳『患者から学ぶ——ウィニコットとビオンの臨床応用』岩崎学術出版社、一九九一年
デービス、M.、ウォールブリッジ、D.著、猪股丈二監訳『情緒発達の境界と空間——ウィニコット理論入門』星和書店、一九八四年
フェアベーン、W.R.D.著、山口泰司訳『人格の対象関係論（人格の精神分析学的研究・上巻）』文化書房博文社、一九八六年
フェアベーン、W.R.D.著、山口泰司、原田千恵子訳『臨床的対象関係論（人格の精神分析学的研究・下巻）』文化書房博文社、一九八七年

グリンベルグ、L.他著、高橋哲郎訳『ビオン入門』岩崎学術出版社、一九八二年
Grolnick. S.A., *The Work and Play of Winnicott*. Jason Aronson, Inc., London, 1990.
グロールニック、S.A.著、野中猛、渡辺智英夫訳『ウィニコット入門』(「ウィニコット著作集 別巻2」) 岩崎学術出版社、一九九八年
発達障害者支援法ガイドブック編集委員会編『発達障害者支援法ガイドブック』河出書房新社、二〇〇五年
ホイジンガ、J.著、高橋英夫訳『ホモ・ルーデンス――人類文化と遊戯』中央公論社、一九七三年
星野仁彦『微細脳損傷・微細脳機能障害の今日的意義』(石川元編『スペクトラムとしての軽度発達障害I』〔現代のエスプリ474〕) 至文堂、七〇~七九頁、二〇〇七年
ホートン、P.C.著、児玉憲典訳『移行対象の理論と臨床――ぬいぐるみから大洋体験へ』金剛出版、一九八五年
井原成男『ぬいぐるみの心理学――子どもの発達と臨床心理学への招待』日本小児医事出版社、一九九六年
井原成男編著『移行対象の臨床的展開――ぬいぐるみの発達心理学』岩崎学術出版社、二〇〇六年
ユング、C.G.著、秋山さと子編、野村美紀子共訳『ユングの人間論』思索社、一九八〇年
河合隼雄『ユング心理学入門』培風館、一九六七年
河合隼雄『影の現象学』思索社、一九七六年
川上範夫『母子関係の萌芽』(馬場謙一他編『母親の深層』〔日本人の深層分析1〕) 有斐閣、一九八四年
川上範夫『ウィニコットの「日常語」を学ぶ』(北山修、妙木浩之編『言葉と精神療法』〔現代のエスプリ264〕) 至文堂、一九八九年

川上範夫「D.W. Winnicottの治療技法論に関するJung心理学的観点からの一考察」『心理臨床』第六巻一号、星和書店、一九九三年
川上範夫『移行現象論――ウィニコット理論からよみとる「関係体験論」への転換』（小此木啓吾、妙木浩之編『精神分析の現在（「現代のエスプリ」別冊）』）至文堂、一九九五年
川上範夫『関係体験不全の若者たち（学童期・青年期）への臨床実践的アプローチ――医療・治療モデルでなく心理教育・リハビリモデルの重要性』（岡堂哲雄編『心理臨床フロンティア――倫理の再構築に向けて［現代のエスプリ500］』）至文堂、二〇〇九年
カーンバーグ、O.著、前田重治監訳『対象関係論とその臨床』（「現代精神分析双書 第Ⅱ期第10巻」）岩崎学術出版社、一九八三年
北山修『錯覚と脱錯覚――ウィニコットの臨床感覚』岩崎学術出版社、一九八五年
クライン、M.著、松本善男訳『羨望と感謝』みすず書房、一九七五年
クライン、M.著、西園昌久、牛島定信編訳『愛、罪そして償い』（メラニー・クライン著作集3）誠心書房、一九八三年
小林隆児、大久保久美代「関係性を通して進める発達障碍児の理解」『臨床心理学』第七巻三号、金剛出版、三二四～三二八頁、二〇〇七年
鯨岡峻「発達障碍ブームは『発達障碍』の理解を促したか」『そだちの科学』八号、日本評論社、一七～二三頁、二〇〇七年
栗田広、長沼洋一、福井里江「高機能広汎性発達障害をめぐって」『臨床精神医学』第二九巻五号、アークメディア、四七三～四七八頁、二〇〇〇年
リトル、M.I.著、神田橋條治訳『精神病水準の不安と庇護――ウィニコットとの精神分析の記録』岩崎学術出版社、一九九二年

松木邦裕『精神分析体験：ビオンの宇宙』岩崎学術出版社、二〇〇九年

妙木浩之編『ウィニコットの世界』（「現代のエスプリ」別冊：現代の精神分析家シリーズ）至文堂、二〇〇三年

Newman, A., *Non-Compliance in Winnicott's Words: A Companion to the Writings and Work of D.W. Winnicott.* Free Association Books, London, 1995.

オグデン、T.H.著、和田秀樹訳『「あいだ」の空間――精神分析の第三主体』新評論、一九九六年

小此木啓吾『メラニー・クライン、罪悪感の起源――償いとしてのこの世』（『自我理論と人間のなりたち』現代精神分析Ⅱ）誠信書房、一九七一年

スィーガル、H.著、岩崎徹也訳『メラニー・クライン入門』（「現代精神分析双書 第Ⅱ期第1巻」）岩崎学術出版社、一九七七年

進藤義夫「発達障害を抱えて生きる」『臨床心理学』第七巻三号、金剛出版、三四九～三五四頁、二〇〇七年

スペンスリー、S.著、井原成男他訳『タスティン入門――自閉症の精神分析的探究』岩崎学術出版社、二〇〇三年

滝川一廣「発達障害再考――診断と脳障害論をめぐって」『そだちの科学』八号、日本評論社、九～一六頁、二〇〇七年

牛島定信『対象関係論的精神療法』金剛出版、一九九六年

Winnicott. D.W., *Collected Papers: Through Paediatrics to Psycho-Analysis.* Tavistock Publications, London, 1958.

Winnicott. D.W., The Location of Cultural Experience. *International Journal of Psychoanalysis,* 48, 1967.

Winnicott. D.W., Playing: Its Theoretical Status in the Clinical Situation. *International Journal of Psychoanalysis,* 49, 1968.

Winnicott. D.W., *Playing and Reality*. Tavistock Publications, London, 1971.

ウィニコット、D.W.著、橋本雅雄監訳『子どもの治療相談1』岩崎学術出版社、一九八七年

ウィニコット、D.W.著、牛島定信訳『情緒発達の精神分析理論——自我の芽ばえと母なるもの』(「現代精神分析双書 第Ⅱ期第2巻」) 岩崎学術出版社、一九七七年

ウィニコット、D.W.著、橋本雅雄訳『遊ぶことと現実』(「現代精神分析双書 第Ⅱ期第4巻」) 岩崎学術出版社、一九七九年

ウィニコット、D.W.著、猪股丈二、前田陽子訳『ピグル』星和書店、一九八〇年

Winnicott. D.W., *Human Nature*. Free Association Books, London, 1938.

Winnicott. D.W. (Winnicott, C., Shepherd, R., Davis, M. eds.), *Psychoanalytic Explorations*. Karnac Books, London, 1989.

ウィニコット、D.W.著、北山修監訳『抱えることと解釈』岩崎学術出版社、一九八九年

ウィニコット、D.W.著、北山修監訳『小児医学から児童分析へ』(「ウィニコット臨床論文集Ⅰ」) 岩崎学術出版社、一九八九年

ウィニコット、D.W.著、北山修監訳『児童分析から精神分析へ』(「ウィニコット臨床論文集Ⅱ」) 岩崎学術出版社、一九九〇年

ウィニコット、D.W.著、館直彦他訳『精神分析的探究1』岩崎学術出版社、二〇〇一年

ウィニコット、D.W.著、F・ロバート・ロッドマン編、北山修、妙木浩之監訳『ウィニコット書簡集』(「ウィニコット著作集 別巻1」) 岩崎学術出版社、二〇〇二年

ウィニコット、D.W.著、牛島定信監訳、館直彦訳『人間の本性——ウィニコットの講義録』誠信書房、二〇〇四年

あとがき

私の心理学者としての出発は、臨床心理学ではなくて生理心理学であった。学生時代、当時の京都大学教育学部教授、苧坂良二先生にご指導いただいた。先生は常に学者としての清真な姿勢を貫いておられた。学生としての初期の刷り込みということだろうか、先生にご薫陶いただいた研究者としての基本姿勢といったものは今日まで片時も頭を離れることがなかった。

先生はいつも弟子たちに「一生に一度でよいから、ちゃんとした著作をものにするように」とおっしゃっていた。学者は徹底してオリジナルに務めなければならないとおっしゃる先生の清冽なお姿は、臨床心理学に足場を移してのちもずっと私の心の真ん中を占めてきた。

この著作が先生のお教えにお応えするものになっているかどうか、はなはだ心もとないが、「一生に一度は」というお言葉に沿って、蛮勇を奮ったものと言い訳させていただいてご寛容をお願いしたいと思っている。

また、今まで長い間、変わらずお付き合いいただいてきた諸先輩、学生諸君にお礼を申し上げたい。とりわけ研究会とか自主ゼミとかで共に学んできたメンバーの方々には、いずれ著作をまとめるとお約束してきていたのにずいぶんお待たせしてしまった。この場を借りてお詫び申し上げたい。
この著作に引き続いて、これまで積み上げてきた心理臨床にまつわる考案を整理してみる必要があるのではないかと思い始めている。重ねて努力してみたい。

***

ところで、この著作が世に出ようとしているのは明石書店の編集者、深澤孝之氏のご尽力によるところが大きい。著作をまとめるようお勧めいただいたのがつい昨日のことのように思える。実際にはペンの遅い私のためにずいぶん時間が経ってしまったが、どこまでも辛抱強くお付き合いいただいた深澤氏に対して心から感謝申し上げたい。
なお、本著作の論考は、大阪少年補導協会刊行の『月刊・少年補導』(のちに『月刊・少年育成』)に、一九八八年から二〇一一年まで連載してきた拙稿を大幅に加筆修整したものに基づいている。ここに記して関係の方々にお礼申し上げたい。

***

以下の「添え書き」は、二〇一一年三月一一日の東日本大震災に際して、臨床心理専門家として考えさせられたところをメモにした内容である。日本の臨床心理専門家として書き記しておくことが当たり前の責務と思うところから、東日本の大震災被災の方々、原発事故被害の方々に捧げさせていただくものである。

大災害と関係性の心（二〇一一年、東日本大震災に際して）

――あとがきに添えて

一九九五年、阪神淡路大震災があって、臨床心理士会の心のケア活動の最前線に立って貴重な体験をさせていただいた。その記憶は薄らぐことはないが、そうしたところに二〇一一年三月、東日本大震災が襲ってきた。支援活動に参加した専門家たちの中には、私だけでなく密かにフラッシュバックを経験している人がいると聞く。

阪神淡路大震災の直後、現場に足を踏み入れた際、周りを見渡して眩暈《めまい》が起こってしまったのを覚えている。がれきの山、ビルの崩壊、道路の割れ目、高速道路の倒壊、電車の脱線、それに火災の続くにおい、などなど直視するのに苦痛すら感じた。

しかし、支援のために何度か通っているうちに、目の前の風景がなぜ私を眩暈させるのか徐々に考えるようになっていった。

現地の方々からお聞きした声を借りる形でまとめると次のようになる。「地面が曲がっている。建物の水平がゆがんでいる。ビルの縦線がゆがんでいる。ちゃんとまっすぐ立っているはずの壁や塀が傾いている。空中を横切っていた高速道路が折れて落ちている」。

それまであまり意識したことがなかったのであるが、自分が風景というものを一定の枠で見ていたということに気づかされた。日常の風景の中で地面は水平であるのが当たり前で、電柱や建物は垂直に立っているのが当たり前と思いこんできたということなのであった。もっと端的な言い方をするならば、縦は縦軸を構成し、横は横軸を構成しているというのが、われわれの日常感覚の前提になっているということなのであった。

自分が自分として立っている根拠がゆがんでしまっているゆえの眩暈だと気づいた時、これは統合性の失調感覚に重なるものだと思わされた。被災現場の方々の中に、喪失への悲しみ以上に自己存在の「統合性を失調する」という感覚が心の傷として残っていくのではないかと思われた。

こうした震災現場の経験をもっていた私にとっても、東日本大震災の発生は驚愕そのものであった。今般の東日本大震災の大変さは、地震に加えて、大津波と原発事故が加わっているところである。

実際に東北から避難してこられた方が「地面が壊れただけでなく、海にも裏切られてしまった」とうめいておられた。さらに加えて、原発の大事故によって、現地の方々が空中汚染にもさらされることになったのであるからほんとうにやりきれない。

言ってみれば、東日本の方々は「地と海と空」という自然のすべてから暴虐を受けたのである。とりわけ原発事故からこうむる苦悩や苦渋は、〝被災〟というものではなくて〝被害〟そのものである。これから長く大気汚染に脅かされ続けると考えると、気の遠くなるような思いがする。

これまで自然との関係性に敬意を払ってこられた東北の方々が、改めて自然への信頼を取り戻すことのできる日が来ることを祈るばかりである。

著者紹介

川上 範夫（かわかみ・のりお）

1945年岡山県生まれ。京都大学教育学部卒業、1975年同大学院博士課程修了。京都大学助手、奈良女子大学文学部専任講師、助教授、教授と歴任、2009年3月定年退職。2008年4月から2010年3月（財団法人）関西カウンセリングセンター常務理事、2015年4月より関西福祉科学大学心理科学部教授（現在）。ほかに奈良女子大学大学院非常勤講師、愛知みずほ大学大学院非常勤講師。奈良県自殺予防事業・自死遺族支援事業アドバイザー、奈良県青少年対策事業専門委員、NPO奈良桜井サポステ副理事長、東大寺学園中・高校スクールカウンセラー、枚方市適応指導教室アドバイザー、摂津市教育センタースーパーバイザー、など

【社会的役割】

日本心理臨床学会理事、日本精神分析学会運営委員、（社団法人）日本臨床心理士会理事・代議員、日本産業カウンセリング学会理事・常任理事、日本人間性心理学会理事、奈良県臨床心理士会副会長、など歴任

【専門分野】

臨床心理学、対象関係論的心理療法論

【主な著作】

『臨床心理学5　文化・背景』（共編著、創元社、1992年)、『ウィニコットの遊びとその概念』（共著、岩崎学術出版、1995年)、『臨床精神医学講座第15巻　精神療法』（共著、中山書店、1999年)、『司法臨床』(『現代のエスプリ』共著、至文堂、2006年)、『日本の心理臨床の歩みと未来』（共著、人文書院、2007年)、『臨床心理学ニューフロンティア』（共著、至文堂、2009年）など

明石ライブラリー 149
ウィニコットがひらく豊かな心理臨床
——「ほどよい関係性」に基づく実践体験論

2012年3月30日　初版第1刷発行
2019年9月10日　初版第4刷発行

著　者　　川 上 範 夫
発行者　　大 江 道 雅
発行所　　株式会社 明石書店
〒101-0021 東京都千代田区外神田 6-9-5
電　話　03（5818）1171
ＦＡＸ　03（5818）1174
振　替　00100-7-24505
http://www.akashi.co.jp

組版／装丁　明石書店デザイン室
印刷　モリモト印刷株式会社
製本　本間製本株式会社

（定価はカバーに表示してあります）　ISBN978-4-7503-3555-1